HISPANOAMÉRICA
ayer y hoy

HISTORIA Y ARTE

DEMOGRAFÍA

ECONOMÍA

INSTITUCIONES

TRADICIONES

Edición actualizada

Primera edición en 1996
Tercera edición en el 2000 (actualizada y ampliada)

© Sociedad General Española de Librería, S.A., 1996.
Avda. Valdelaparra, 29. 28100 Alcobendas (Madrid)

Autores textos: M.ª Angeles Albert y Francisco Ardanaz

Textos de la nueva edición y actualización del año 2000,
por Germán Vázquez

Realización: EDIPROYECTOS
Coordinación editorial: Pilar Rubio
Diseño: Ana Peciña
Fotografías: Agencia EFE, Museo de América, Cambio 16,
            Historia 16, Javier Villalba

ISBN: 84-7143-831-3
Depósito Legal: M-38.542-2000
Impreso en España. Printed in Spain
Preimpresión: AMORETTI, S.F., S.L.
Impresión: LITOFINTER, S.A.
Encuaderna: F. MÉNDEZ

Sumario

1 El medio geográfico 4
2 Escenario de pueblos y culturas diversas 8
3 Historia y Arte (I). Período precolombino 12
4 Historia y Arte (II). Período colonial 18
5 Historia y Arte (III). Independencia-Hoy día 24
6 Agricultura, ganadería y pesca 30
7 Industria, energía y materias primas 34
8 Turismo 36
9 Transportes y comunicaciones 42
10 Medios de comunicación 48
11 Comercio 50
12 Servicios públicos 54
13 Instituciones políticas y administrativas 58
14 Gastronomía 62
15 Artesanía 66
16 Fiestas y folclore 70
17 Deportes y ocio 72
18 Artes, Letras, Ciencia y Pensamiento. Siglo XX 74
19 Población y urbanismo 80
    Actividades y sugerencias 86
    Cronología 88

1. El medio geográfico

Hispanoamérica, conjunto de países de lengua y cultura de tradición española, forma parte del continente americano, la extensión de tierra más alargada en el sentido norte-sur de todo el planeta.
En ella encontramos la cadena montañosa más larga del mundo —los Andes—, el río más caudaloso del planeta —el Amazonas—, la mayor concentración de volcanes por km^2 y la confluencia de todos los climas y paisajes de la Tierra. Por eso, si tuviésemos que resumir en dos palabras sus características más esenciales, podríamos decir, sin temor a equivocarnos, que Hispanoamérica es *inmensa* y *diversa*.

Colibrí en la selva amazónica

Montaña nevada en los Andes peruanos

Tiene una superficie de 11.451.697 km² —algo más grande que Europa— y cuenta, sin embargo, con una población cuatro veces mayor: de casi 330 millones de habitantes.
Se extiende desde México por el norte, hasta las islas de Tierra del Fuego (Chile) y Antártida por el sur, y entre los océanos Pacífico en el oeste y Atlántico en el este.
Comprende tres áeas geográficas bien diferenciadas:

- *México y América Central.* Esta última incluye una zona continental (Guatemala, Honduras, Nicaragua, El Salvador, Costa Rica, Panamá) unida al resto mediante el istmo de Panamá y azotada con frecuencia por movimientos sísmicos de gran virulencia, y otra zona insular (Cuba y República Dominicana), islas que forman parte del archipiélago de las Antillas.

- *Las naciones andinas,* en América del Sur (Bolivia, Perú, Ecuador, Colombia, Venezuela). Las cuatro primeras, están dominadas por la cordillera de los Andes,

formada por volcanes como el Ojo del Salado (6.100 metros) y el Chimborazo (6.310 metros) y cuya mayor elevación es el Aconcagua (6.959 metros), la cima más alta de América.

- Y los *países del Cono Sur* en la región meridional (Argentina, Uruguay, Paraguay, Chile), configurados a partir de altas mesetas y llanuras inmensas de pastos de enorme riqueza.

Las tierras de México y América Central son producto de la continua actividad eruptiva (existen más de 250 volcanes desde México hasta Panamá). En esta zona se producen fuertes terremotos, que en ocasiones causan grandes catástrofes.
La estructura geográfica de América del Sur se forma a partir de la cadena andina, un eje montañoso que tiene cerca de 4.500 metros

■ Hispanoamérica en cifras

Superficie:	11.451.697 km²
Población:	328.880.000 hab.
Población urbana:	67%
Densidad:	28,71 hab. por km²
Esperanza de vida:	70,92 años
Mortalidad infantil:	31,26 por mil
Analfabetismo:	14,19 %
PIB por habitante:	2.058,5 $ (de 1990)
Inflación:	15,7%

de altura media. Esta cadena montañosa bordea la costa del Pacífico, y presenta también una elevada intensidad volcánica aunque menos destructiva por estar más deshabitada.

Las depresiones centrales se modulan en tres grandes cuencas fluviales: las de los ríos Orinoco, Amazonas y Paraná-Uruguay.

La variedad climática —sujeta a la latitud y a la altitud— es notable. En Hispanoamérica se producen, prácticamente, todos los climas del mundo desde el característico de *eterna primavera* en el Altiplano hasta el *desértico* en las zonas áridas, pasando por las lluvias monzónicas en las áreas tropicales. Contamos, igualmente, con el ambiente *mediterráneo* en las regiones templadas y con el *frío polar* en la cima de los volcanes y en la Tierra del Fuego en el extremo sur del continente.

Las grandes ciudades ostentan en general poca oscilación térmica anual.

El verano es la estación de las lluvias copiosas y el invierno, cuando el Sol se halla en el hemisferio sur, es el denominado período seco.

Ibises rojos y garzas blancas en el Orinoco venezolano

La característica más destacada de la hidrografía viene marcada por la disposición de la Sierra Madre y de la cordillera de los Andes, paralelas al litoral, que determinan dos cuencas claramente diferenciadas: las de los ríos que

Niño pescando en un afluente del Amazonas

Volcán Izalco en El Salvador (arriba) y cactus de un desierto americano (abajo)

desembocan en las vertientes del Pacífico y las del Atlántico. Los primeros son generalmente cortos y de escasa importancia. Los segundos tienen una longitud y un caudal considerables y en muchas partes son navegables: por el Golfo de México el Bravo del Norte y el Usamacinta; en América del Sur, por el norte el Magdalena y el Orinoco y por el este el Amazonas (el más caudaloso del mundo); y de las mesetas del Brasil descienden el San Francisco, Paraná, Paraguay y Uruguay.

La vegetación, tan variada como el clima, es en gran medida tropical o templada. Existen grandes contrastes a lo largo de todo el territorio, pues se pueden observar: *selvas* y *bosques* desde México hasta Colombia y Venezuela, frente a las lisas *sabanas* de la costa del Ecuador; o bien, *desiertos* en Perú y Chile, frente a las grandes *praderas* de la Pampa argentina; así como *estepas* en Patagonia o *flora alpina* en las alturas de los Andes.

De los 328 millones de habitantes que viven en los 18 países que forman Hispanoamérica, la mayoría se concentra en grandes ciudades (64,11%) como Ciudad de México (18.051.000), Buenos Aires (10.911.000), Lima (6.414.000), Bogotá (5.025.000) o Santiago (4.628.000). Esta masificación genera numerosos problemas urbanísticos y socioeconómicos de difícil solución y que contrasta con la baja densidad de las áreas rurales.

Indígenas andinos de La Paz (Bolivia)

2. Escenario de pueblos y culturas diversas

La gran riqueza étnica y cultural de Hispanoamérica se debe a la diversidad de pueblos que la habitaron y que la convirtieron, en los siglos anteriores a la llegada de los españoles, en un núcleo de civilizaciones de gran importancia. Estos núcleos de antiguos pobladores se concentraban principalmente en la altiplanicie mexicana, la zona del istmo y las mesetas andinas, y en muchos casos alcanzaron niveles de progreso impensables en la Europa contemporánea.

Su grado de desarrollo no se llevó a cabo de igual forma en todo el continente, sino que dependió de varios factores, como las condiciones geográficas y la evolución propia de cada uno de ellos; aunque todos basaban su actividad económica en el cultivo del maíz. Así, frente a culturas incomparables como la de los *aztecas,* los *mayas* o los *incas,* se encontraban otros grupos muy primitivos compuestos por cazadores y recolectores que habitaban las selvas amazónicas.

El contacto con los europeos fue determinante para todos, aunque no fuese tan decisivo como en América del Norte. Como consecuencia de esto, muchos desaparecieron para siempre o se vieron tan mezclados y asimilados que perdieron su identidad. Sin embargo, aún existen algunos grupos que viven en condiciones muy parecidas y que preservan sus costumbres como único medio de subsistencia real.

Estos fuertes contrastes han determinado en gran medida que en la actualidad, en una misma región, encontremos hombres preocupados por conservar vivo el fuego de sus hogueras y otros que lo están por construir centrales nucleares u obtener el máximo beneficio del petróleo. Unos respiran el aire limpio, del denominado «pulmón» del planeta —la selva amazónica— o habitan zonas tan poco pobladas como la Pampa argentina y otros se axfisian entre el dióxido de carbono de macrociudades tan contaminadas como México D.F. que, con sus cerca de diecinueve millones de personas, ostenta el dudoso privilegio de ser la mayor urbe de América. Tres razas distintas han contribuido a poblar Hispanoamérica después del Descubrimiento. La blanca, iniciada bajo la colonización española de los siglos XVI y XVII, que llegó motivada por la búsqueda de riquezas mineras y agrícolas, se encaminó con preferencia a México, Antillas, América Central, Perú, Bolivia y Argentina. Este fenómeno dio paso a una lenta pero gradual corriente de inmigración de

■ Grupos étnicos (%)

	Blancos	Mestizos	Negros	Mulatos	Amerindios	Otros
Argentina	85			15		
Bolivia	15	30	—	—	55	—
Chile	95		—	—	3	2
Colombia	20	58	4	14	—	3
Costa Rica	96		2	1	—	1
Cuba	37	—	11	51	—	1
Ecuador	10	55	10	—	25	—
El Salvador	1	94	—	—	5	—
Guatemala	4	52	—	—	44	—
Honduras	1	90	2	—	7	—
México	9	60	—	—	30	1
Nicaragua	17	69	9	—	5	—
Panamá	10	70	14		6	—
Paraguay	1,7	93,3	—	—	5	—
Perú	15	37	—	—	45	3
Rep. Dominicana	16	—	11	73	—	—
Uruguay	88	8	4	—	—	—
Venezuela	20	69	9	—	2	—

Fuente: The Word Factbook 1999. Central Inteligence Agency (CIA) (con ligeras modificaciones)

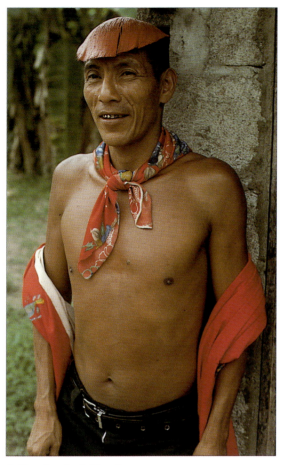

Indio colorado de Ecuador

mestizaje de culturas diferentes. La proporción racial varía según las zonas: desde los casi blancos en Argentina, Uruguay, Costa Rica y Chile, hasta los de predominio mestizo, que constituyen en realidad el fondo de la población hispanoamericana, en Nicaragua, Venezuela, Honduras y Paraguay; pasando por algunos países como Bolivia, Perú, Ecuador y Guatemala en los que el porcentaje indígena es mayoritario. El colectivo negro es todavía importante en Panamá, Cuba, Nicaragua, República Dominicana y Venezuela, y la raza amarilla, en las costas del Perú. Además de las etnias puras encontramos mezclas de razas: mestizos (blanco-indio), mulatos (blanco-negro) o zambos (indio-negro).

El idioma oficial es el español, si bien existen numerosas lenguas y dialectos propios de cada región o país. En este aspecto la diversidad es tal, que no podemos dejar de citar las grandes otras naciones y continentes que alcanzó su máximo apogeo en el siglo pasado. La llegada de europeos en el siglo XIX, que prosigue atenuada en nuestros días, aportó al Nuevo Mundo grupos de irlandeses, alemanes, franceses, polacos, holandeses, eslavos, danubianos y, sobre todo, italianos y españoles. La raza negra, procedente de las costas africanas, llegó en calidad de esclava para realizar los trabajos más duros. Se distribuyó fundamentalmente en América Central, Antillas y norte de América del Sur. La raza amarilla, de reciente contribución y debido a la superpoblación de Japón y China, se dirigió sobre todo a los países que tienen fachada al Pacífico, como Chile y Perú.

Así pues no puede hablarse de una raza verdaderamente americana, sino de un

Padre e hija de Ayacucho (Perú)

Indígenas quichés en el mercado de Chichicastenango (Guatemala)

familias lingüísticas: la azteca y maya en Mesoamérica y la chibcha, arawak y quechua en Sudamérica.
También la religión católica fue importada por los colonizadores. A pesar de todos los avatares y excesos continúa siendo el sustrato común de la América hispana, aunque conviva en mayor o menor grado con los cultos indígenas, asimilando con frecuencia ceremonias paganas a festividades cristianas como, por ejemplo, las ofrendas de alimentos el *Día de Muertos*.

Grupo de personas en un edificio público (Argentina)

Mercado al aire libre en los Andes

Ruinas arqueológicas de San Agustín (Colombia)

Pendiente de la cultura Mochica (Perú)

3. Historia y Arte (I). Período precolombino

Desde la llegada de los primeros hombres a América procedentes de Asia y a través del estrecho de Bering en torno al 50.000 a.C., hasta el 12 de octubre de 1492 en que Cristóbal Colón divisó las costas de la isla de San Salvador, pasaron miles de años en los cuales el continente permaneció aislado del Viejo Mundo. Este factor provocó un desarrollo propio con muy escasas influencias en su evolución histórica, que posibilitó el nacimiento de culturas únicas en el contexto mundial. Las duras glaciaciones provocaron el lento avance dentro del continente de los primeros amerindios que, organizados en *bandas* de cazadores, fueron adaptándose a un medio ecológico hostil en el período conocido como *Paleolítico*. La imagen de la vida cotidiana de estos pueblos quedó reflejada en esquemáticas manifestaciones artísticas de dibujos de animales y escenas de danza y caza.

Un aumento gradual de las temperaturas entre el 10.000 y 7.000 a.C. supuso la retirada de los hielos hasta los límites actuales y, por tanto, la desaparición de la gran fauna como el mastodonte y el mamut, y la transformación de la flora. Estamos en el período *Arcaico o etapa de las tribus (Neolítico)* que concluirá alrededor del 3000 a.C. El hombre comenzó

Cabeza colosal olmeca de La Venta (México)

Vista panorámica de la ciudad inca de Machu Pichu (Perú)

progresivamente a quedarse fijo en un lugar, volviéndose sedentario; esto hizo que se diera un paso decisivo de la recolección de frutas y semillas a la agricultura. Así, en Mesoamérica (área comprendida entre México y El Salvador) y en la región andina se conseguirán los cultivos que desde este momento serán la base de la alimentación en el continente: maíz, calabaza, frijol, yuca y patata. En la misma época aparece la cerámica y se da la domesticación de animales. Éstas serán las características principales del período.

En este momento se definen las pautas que explicarán el desarrollo histórico de la América precolombina. La lentitud y larga duración del *Neolítico* en algunas zonas como el Amazonas, contrasta con áreas más dinámicas como Mesoamérica y los Andes centrales. El aislamiento entre estos dos grandes núcleos favorecerá en ambos casos una evolución independiente, permaneciendo las demás zonas sin desarrollar, algunas incluso hasta el siglo XX. A ello contribuyó la ausencia de bóvidos y équidos, lo que impidió su explotación como animales de transporte de mercancías hasta la llegada de los españoles. En el período *Formativo,* la agricultura es el pilar económico de una sociedad sedentaria que se concentra en grandes poblados. Comienzan a surgir en función de su nivel de vida estratificaciones como *señoríos o jefaturas* quienes, además, ostentan el poder político y religioso. La civilización *Olmeca* en México se constituye como uno de los primeros *Estados* de América en el primer milenio a.C. Son famosas sus cabezas colosales y sus altares antropomorfos. Nació en la zona del golfo de México pero su huella se extendió a otras regiones como Oaxaca, Guatemala y Honduras. El panteón religioso estaba presidido por el dios jaguar con sus fauces abiertas.

El siguiente período es conocido en Mesoamérica como *Clásico* y con él entramos en el pleno desarrollo del urbanismo, con un crecimiento demográfico considerable que invita a la población a concentrarse en grandes ciudades. Un ejemplo de éstas es Teotihuacan, en el valle de México (contaba con 200.000 habitantes y 36 km² de edificios, encontrándose entre los más representativos la gran *Pirámide del Sol,* elevada sobre una terraza de 350 m de largo); otra, Monte Albán, en el valle de Oaxaca *(cultura Zapoteca).* Paralelamente «floreció» la *cultura Maya*

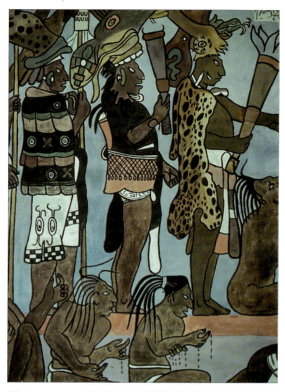

Pinturas mayas de Bonampak (México)

Clásica con núcleos situados en la selva tropical del Petén; o en Palenque (Chiapas) donde destacan el *Palacio* y templos levantados sobre pirámides escalonadas como el de las *Inscripciones,* en cuyo interior se halló el enterramiento del rey Pacal; Bonampak y la policromía de sus pinturas murales; Copán (Honduras) con la maestría escultórica de sus estelas y mascarones de piedra volcánica; y Tikal (Guatemala) con plataformas ceremoniales, plazas, juegos de pelota y templos singulares como el IV, que con 70 m de altura es el edificio prehispánico más alto de América. En Yucatán, Uxmal, con un estilo propio, muestra sus estructuras como la *Pirámide del Adivino* o edificios como el *Cuadrángulo de las Monjas,* con frecuentes representaciones de Tlaloc, dios de la lluvia. El sistema de escritura maya en *glifos* nos informa de la gran sabiduría de esta civilización en temas de Astronomía y Matemática. Las observaciones que realizaron de los ciclos de la

Arco maya en Uxmal (México)

Luna, el Sol y el planeta Venus sirvieron para ampliar sus conocimientos y establecer un *calendario*.

Alrededor del año 1000 tuvo lugar una gran crisis que afectó a toda Mesoamérica y supuso la desaparición de estos Estados en poco más de dos siglos. Las causas exactas, aún no bien determinadas, señalan a una confluencia de condiciones sociales, militares y climáticas.

En México central será el Estado *Tolteca* quien heredará el poder de los teotihuacanos, en el valle de Oaxaca los *zapotecos* cederán el protagonismo a los *mixtecos,* mientras en el área maya Yucatán se revelará como núcleo de una *cultura mestiza Maya-Tolteca* que sustituirá a la *cultura Maya Clásica* del Petén. Son numerosos los restos arquitectónicos de esta época, desde el *Templo de los atlantes* de Tula *(tolteca)* a los de Chichen-Itzá *(maya-tolteca):* el *Juego de pelota* (180 m de largo por 75 de ancho), el observatorio astronómico —llamado el *Caracol*— y *El Castillo* o *Pirámide de Kukulcán-Quetzalcóatl,* divinidad representada como serpiente emplumada. El carácter guerrero de los *toltecas* queda reflejado en los *tzompantli* o plataformas de cráneos descarnados y las estatuas de *Chacmool,* asociadas a los sacrificios humanos.

La última etapa en el desarrollo histórico-cultural mesoamericano es la del imperio militarista de los *aztecas,* quienes en un período excepcionalmente corto pasan de ser tribus desconocidas a dominar todo el valle de México. Su rápida expansión se mantenía gracias a un duro sistema de tributos con el que también controlaban a los escasos reinos que se mantenían independientes como los *tarascos* o los *tlaxcaltecas.* De ellos obtenían los prisioneros necesarios para realizar los sacrificios humanos que ofrecían a sus dioses en templos como la *Pirámide de Tenochtitlan* o la de *Tlatelolco.* La religión formaba parte

Pirámide de Kukulcán en Chichen-Itzá (México)

Representación de un guerrero en una cerámica mochica (Perú)

inseparable de sus vidas, de tal forma que uno de los mejores logros de esta civilización fue la llamada *Piedra del Sol* o *Calendario azteca,* donde se representan sus divinidades más importantes. La complejidad y eficiencia del sistema militar, político y administrativo fue clave para su rápido dominio mediante el terror, pero también para su hundimiento inmediato tras la llegada de los españoles.
El proceso histórico-cultural brevemente expuesto presenta un alto grado de paralelismo en el área andina, a pesar de la distancia y de su aislamiento mutuo. Así, *Chavín de Huantar* (1200-300 a.C.) en la sierra peruana es la primera cultura madre cuya sociedad profundamente religiosa tiene como símbolos el jaguar y el águila o halcón. Su influencia es tal, que durante el período *Formativo,* la costa y la sierra de Perú presentan las mismas características. Sin embargo, a esta etapa le sucede otra con una clara diferenciación entre regiones, como la *cultura Moche* de la costa norte, iniciándose el período *Intermedio temprano y Horizonte medio* (100-800 d.C.). La sociedad se hará más compleja y ofrecerá

actos religiosos a los antepasados nobles, a quienes diviniza. Adquieren por tanto una espectacular importancia los elementos del ajuar (joyas, ropas...) que acompañarán a los muertos en las tumbas, así como las cerámicas, auténticos documentos parlantes de la vida y costumbres de estos pueblos: los huacos-retrato, las de escenas eróticas o los prisioneros con ojos de turquesa. En el sur peruano, otra cultura regional nos permite distinguir dos fases en atención a sus manifestaciones artísticas: *Paracas* por el tejido y *Nazca* con sus cerámicas policromadas. El ambiente desértico contribuyó a la conservación de los cadáveres envueltos en numerosos mantos bordados y prendas de vestir. En el rito funerario se empleaban diferentes técnicas de momificación. En unos casos se cubrían de brea; en otros, se extraían las vísceras, se separaba la cabeza y se aplicaban sustancias químicas, se doblaba el cuerpo y se envolvía hasta conseguir un paquete de forma piramidal. Además de las cerámicas, Nazca destaca por sus famosas pistas o dibujos que se encuentran diseminados en una extensión de 500 km^2 y se

Detalle de un muro inca en Cuzco (Perú)

Cerámica mexicana totonaca de El Tajín

Urna funeraria zapoteca de Oaxaca (México)

relacionan con prácticas agrícolas y costumbres populares de la zona.

La aparición del imperio *Wari* alrededor del año 1000, acabará con el esplendor de estos Estados, imponiendo una unificación cultural en el denominado *Horizonte medio*. Una vez concluido, al final del milenio, de nuevo se iniciará otra etapa de diferenciación entre regiones llamada *Intermedio tardío* (1200-1470 d.C.), en la que destaca el *Reino del Gran Chimú*. La habilidad y maestría de sus artistas queda patente en su característica cerámica negra abrillantada y, sobre todo, en el trabajo de los metales. Máscaras, narigueras, largos vasos rituales simulando rostros o el famoso *tumi* o cuchillo ceremonial en forma de media luna y mango antropomorfo aparecen asociados al mundo funerario.

El último período de reunificación andina coincide con el *Horizonte tardío* protagonizado por los *incas*. Este imperio militarista se expandió a partir de la región del Cuzco desde 1483 hasta 1533, en que sucumbe bajo los españoles. Desde el sur de Colombia al centro de Chile caerán bajo el duro sistema estatal encabezado por el Sapa-Inca, dios sobre la tierra. Nobles, funcionarios, guerreros, artistas, comerciantes y servidores sin tierra constituían el resto de la pirámide social. Uno de los mayores logros de los *incas* fue el sistema de canales para llevar el agua y la preparación de la tierra en forma de terrazas para cultivar en grandes pendientes. Esta adaptación al medio se hizo evidente en la red de caminos y calzadas que permitían la rapidez de las comunicaciones (en el imperio *inca* los llamados «chasquis» hacían de hombres-correo para tansmitir la información); también en el urbanismo de ciudades encaramadas en las rocas, como Pisac o Machu Pichu y en su arquitectura en piedra. Los muros de fortalezas como Sacsahuaman, y templos como el Coricancha dedicado al Sol, presentan una superficie perfecta y lisa en la que todos los bloques encajan en cada ángulo dando un aspecto macizo.

4. Historia y Arte (II). Período colonial

El 12 de octubre de 1492 un pequeño grupo de españoles al mando de Cristóbal Colón llegaba a las costas de Guanahaní, isla que bautizaron con el nombre de San Salvador (actual Watling en las Bahamas). Se iniciaba así la mayor aventura de la era moderna: el Descubrimiento de América. A partir de este momento una larga serie de viajes irá mostrando a los europeos la existencia de un cuarto continente desconocido para ellos, confirmándose, además, la teoría de que la Tierra era redonda, y logrando por primera vez en la Historia concebir las verdaderas dimensiones del planeta.

Para América supuso el fin de un aislamiento milenario, y, sobre todo, el encuentro con un mundo completamente diferente que significó un cambio social y cultural de grandes repercusiones. Guerras, epidemias, religión, lengua y la incorporación de otras razas contribuirán a sentar las bases de una nueva civilización que se impondrá a la tradición indígena gracias a un efectivo mestizaje social y cultural.

La necesidad de buscar nuevas rutas hacia Asia para abastecerse de especias y oro fue lo que impulsó a los Reyes Católicos a apoyar la expedición de Colón, quien pretendía alcanzar las costas de Oriente atravesando el «Mar Tenebroso» habitado por monstruos y sirenas y cuyo límite nadie conocía. Durante los cuatro viajes que realizó (1492-1504) mantuvo la idea de haber llegado a la India, motivo por el que llamó a sus habitantes «indios». Sin embargo, estos pobladores de las Antillas, en su mayoría pacíficos, no tenían especias, andaban

Pintura colonial boliviana

desnudos, no conocían ni el hierro ni la rueda y no tenían animales de carga. Seguían, pues, en una etapa de desarrollo similar al Neolítico europeo. Ante la falta de rentabilidad de las expediciones, en 1499 la Corona decide anular los privilegios de Colón (Capitulaciones de Santa Fe) y permite otras de iniciativa privada, siempre bajo su autoridad, para conseguir metales preciosos y las deseadas especias. A partir de los denominados «viajes andaluces», entrarán en la Historia numerosos navegantes y geógrafos quienes, gracias a sus aventuras americanas, ayudaron a perfilar el contorno del continente, explotando los recursos que hallaban a su paso: maderas, oro, esmeraldas o perlas. Así, a Juan de la Cosa se le debe el primer mapa del Nuevo Mundo. Al florentino Américo Vespucio, su nombre, ya que por un error en Alemania se le confundió con el descubridor. A Núñez de Balboa el haber llegado al océano Pacífico (cruzó el istmo de Panamá en 1513). Y a Magallanes el localizar el paso marítimo por el sur de Chile y junto con Elcano dar la primera vuelta al mundo (1519-1522).

Tomando como centro de operaciones las islas de la Española (Rep. Dominicana y Haití) y Juana (Cuba) se procedió a la exploración del interior de unas costas poco fructíferas.

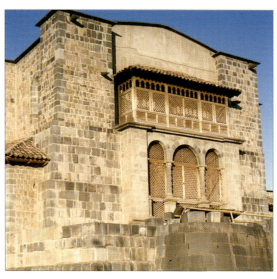
Iglesia de Santo Domingo en Cuzco (Perú)

Dos grandes imperios indígenas sorprendieron a los viajeros por la monumentalidad de sus ciudades y por su riqueza en metales preciosos: *aztecas* e *incas*. En 1521 Hernán

Detalle de la fortaleza de El Morro en San Juan de Puerto Rico

Catedral de Ciudad de México

Cortés (con 380 españoles) culmina la conquista de Tenochtitlan, capital de los *aztecas*. En 1533 Francisco Pizarro y sus hombres se imponen a los *incas* en el Perú. En ambos casos, las diferencias con los europeos desde el punto de vista tecnológico, cultural y religioso resultaron determinantes para explicar la victoria de tan reducido grupo de soldados sobre ejércitos militares bien organizados. Por un lado, el armamento (armaduras y espadas de hierro) y los caballos. Por otro, la concepción de la guerra (continuación de las cruzadas medievales contra los infieles) y la identificación en los primeros momentos por parte de los indígenas de los barbudos y blancos españoles con dioses anunciados en sus respectivas religiones. Pero, sobre todo, fueron las crisis de poder internas entre los caciques indios las que posibilitaron su propia y fulgurante caída. Tampoco hay que olvidar que otros pueblos indios oprimidos por *aztecas* (como los *tlaxcaltecas*) e *incas*, decidieron apoyar a los nuevos invasores con la esperanza de mejorar su situación y liberarse de los tributos y sacrificios humanos a los que eran cruelmente sometidos.

Además de su distinta concepción del mundo, los europeos llevaron consigo enfermedades propias de Occidente provocando epidemias que causaron gran mortandad entre los indígenas, como la de viruela, el sarampión o el tifus, que contribuyeron al decaimiento de la población indígena, quien las interpretaba como castigo divino.

En 1573, finaliza oficialmente la etapa de descubrimiento y conquista y se inicia la de colonización. Destaca en este período Bartolomé de las Casas (primer occidental que formuló los derechos del hombre). Así, queda abolida la esclavitud de los indios, aunque se mantiene la de los negros durante toda la época colonial.

La labor de las órdenes religiosas en la

América colonial fue decisiva como instrumento divulgador de la cultura occidental. Franciscanos (1524), dominicos (1526), agustinos (1533) y jesuitas (1566) levantaron iglesias y fundaron «colegios de indios», donde se enseñaba la lengua y la doctrina católica. Surgieron arquitecturas originales como las *capillas posas* (que en los atrios servían de «posada» a las imágenes durante las procesiones) o las *capillas abiertas* (sólo el sacerdote permanece cubierto). Destacan los conventos mexicanos de Actopan, Tlamanalco o Acolman con pasajes del evangelio decorando sus paredes.

Otras manifestaciones de este arte del siglo XVI son los Cristos hechos de pasta de caña de maíz o las mitras de obispo y cuadros de plumas, dos técnicas de tradición prehispánica con las que se elaboran objetos relacionados con el rito católico. Por su exotismo y perfección despertaron la admiración en Europa de artistas como Durero.

Pero será sobre todo la rápida mezcla de razas la que afianzará la nueva cultura. La ausencia de mujeres españolas (en los primeros años menos del 10%) facilitó los contactos con la población india y favoreció las alianzas matrimoniales con hijas de caciques para mantener el poder del conquistador sobre todo un grupo social. Con ello se consiguió que la propia india transmitiera el idioma y costumbres de su esposo. A lo largo del período colonial los españoles o sus hijos nacidos en América (criollos) tendrán el poder político y económico. El resto de grupos sociales —indios y negros— y el producto de la mezcla de razas —castas— como mestizos (de india y blanco), mulatos (de negra y blanco)

Obispo peruano del siglo XVIII

Personaje de Trujillo (Perú)

o zambos (de india y negro) ocuparán la base de la pirámide social. En el siglo XVIII un genuino género pictórico americano como son las *Series de Castas o cuadros de mestizaje* sirven de documento etnográfico para mostrar la realidad mestiza de Hispanoamérica. En este contexto, sobre las ciudades prehispánicas se levantaron las de los conquistadores, trazadas en manzanas en torno a una plaza presidida por la iglesia mayor (a veces construida sobre las ruinas de los templos indios), el palacio del gobierno, el cabildo (sede de la justicia) y la casa del capitán de la conquista (símbolo de la jerarquía). Tal es el caso de Ciudad de México o Cuzco. Otras veces crecían en desordenado urbanismo alrededor de centros mineros como Zacatecas y Guanajuato (México), Potosí (Bolivia) o sobre un cerro como La Guaira (Venezuela).

Será en las ciudades donde la arquitectura —especialmente la barroca— adquirirá un gran esplendor y originalidad, producto de la propia creatividad americana al reinterpretar el arte europeo en el que se inspira. En México abundarán los estípites —falsas columnas estrechadas en la base— en las fachadas-retablo repletas de tallas y esculturas, como en la catedral de Santa Prisca de Taxco o en el colegio jesuita de Tepotzotlán. En Centroamérica, la primera capital de Guatemala, Antigua, muestra sus yeserías policromadas en *La Merced* o en *Santa Clara.* En Colombia aparecen distintas variedades de barroco: el de Cartagena de Indias se distingue por sus iglesias con espadañas; el de Tunja, Santa Fe de Bogotá y Popayán, por sus elaborados altares. Tanto en *San Francisco* de Quito como en *La Compañía* de Cuzco se aprecia el gusto

Espléndida muestra del mestizaje americano en una pintura colonial (Museo de América, Madrid)

Vista exterior de la catedral de Cuzco (Perú)

italianizante revestido de la monumentalidad americana, que ya había quedado patente en la catedral de Santo Domingo (Primada de América, fundada en 1523). Las elaboradas fachadas de *La Merced* y *San Agustín* en Lima están marcadas por el gusto criollo que también se impondrá en las ciudades.

Sin embargo en edificios provinciales, tanto en las esculturas como en las artes decorativas, el artista indígena dejará su más imaginativa huella en creaciones en las que mezclará símbolos religiosos con paganos, sustituirá leones por pumas o adornará las cabezas de los ángeles con tocados de plumas. *Santa María Tonantzintla* y *San Francisco Acatepec* (Puebla, México), la catedral de Puno (Perú), *San Lorenzo* de Potosí o *San Francisco* de La Paz (Bolivia) reflejan esta original reinterpretación del arte europeo. En pintura sorprenden temas como la Santísima Trinidad que se representa con tres figuras masculinas iguales, los arcángeles arcabuceros quiteños, Santiago Matamoros convertido en Santiago Mataindios o santos «pobres» como San Isidro vestido con poncho y bolsa de coca al costado, o el San Fernando venezolano que ha sustituido la bola del mundo que sostiene en su mano por una maraca.

A finales del siglo XVII el fortalecimiento de las clases coloniales lleva al criollo a ocupar puestos de responsabilidad en los gobiernos locales, afianzando un poder que se consolidará a lo largo del XVIII al margen de la metrópoli. A pesar de los intentos del Reformismo borbónico del XVIII por estrechar los lazos en las colonias y hacerlas más dependientes de la economía peninsular, en las sociedades virreinales ya comenzaba a nacer una necesidad de independencia después de tres siglos de dominio español.

5. Historia y Arte (III). Independencia - Hoy día

Simón Bolívar tras una batalla por la independencia americana

El siglo XIX significó para Hispanoamérica la ruptura política con el antiguo imperio español y la incorporación a un nuevo sistema económico internacional, basado en la especialización de las recién creadas naciones americanas como exportadoras de materias primas para abastecer el mercado europeo. La invasión de España por las tropas de Napoleón sirvió de excusa para el levantamiento de las colonias americanas en apoyo al rey Fernando VII, lo que causó más guerras civiles que concluyeron con la independencia del continente. Como verdaderos precedentes de esta situación hay que señalar los errores políticos de la Corona española, el excesivo incremento de los impuestos y la rigidez administrativa que impedía a los criollos acceder a los más altos cargos políticos.

Aunque tampoco se debe olvidar la influencia de las rebeliones, como la de Túpac Amaru (Perú, 1780-81), en la que se decretó la libertad de los esclavos, o la encabezada por el sacerdote Miguel Hidalgo, que para muchos supone el inicio de la independencia de México (1810). Esta última, reprimida muy pronto y ejecutados sus jefes, resurgió bajo la dirección de otro sacerdote, Morelos.

Sin embargo, los movimientos emancipadores no supusieron la transformación de una sociedad profundamente desigual, sino la legitimación de los privilegios de una minoría criolla que aseguró su poder y prejuicio racial. Personajes míticos fueron el general San Martín que desde Argentina (independiente en 1816) atravesó los Andes para conquistar y proclamar la independencia de Chile en 1817. O Simón Bolívar —el primero en concebir la idea de la unidad política de Hispanoamérica, y su primer «caudillo»— quien liberó Colombia (1819), Venezuela (1821) y Ecuador (1822) integrando a los tres países en la «Gran Colombia». En la Nueva España se implantó la igualdad de derechos civiles y se declaró su independencia con el apoyo general de todos los sectores de la futura nación mexicana (1821). Siguió Guatemala y se formó la confederación de «Provincias Unidas de Centroamérica», Perú (1824), Uruguay (1828), Santo Domingo (1865) y Cuba (1898).

José de San Martín

Desde el punto de vista artístico, durante la transición del siglo XVIII al XIX, Hispanoamérica siguió las tendencias neoclásicas europeas y especialmente de París produciéndose un afrancesamiento que llegó hasta el siglo XX. Ciudades como Buenos Aires o México levantaron palacios, teatros y cafés según esta moda, dejando a un lado la originalidad alcanzada en el barroco colonial. Destaca el nacimiento de la *Real Academia de San Carlos* en México en 1785 como penetración neoclásica en América, asociada a la figura del arquitecto y escultor M. Tolsá, siendo su obra cumbre el *Palacio de Minería* (México D.F.). En Colombia hay que señalar la catedral y *Santo Domingo* de Bogotá. Y en Chile la simetría maestra de la *Casa de la Moneda* y la fachada de la catedral de Santiago. En la segunda mitad de siglo, conseguida la independencia del continente, surgirán nuevos temas referentes al momento histórico y al sentido nacionalista. Son interesantes las Cámaras de Diputados, teatros, penitenciarías, panteones y estaciones de ferrocarril.

Tras el proceso emancipador, Hispanoamérica sufrirá una profunda crisis derivada de la

Cartagena de Indias (arriba) y catedral de Bogotá (abajo)

fragmentación de la unidad continental —pese a los esfuerzos de Simón Bolívar— con el triunfo de los nacionalismos. La destrucción de la estructura político-administrativa virreinal supuso la pérdida de los mecanismos de control y organización. Incrementando el caos que hará posible la aparición de dictaduras de corte europeo en la segunda mitad del siglo. Además, significó el desplazamiento del peso histórico continental del Pacífico al Atlántico debido a una regionalización de la economía favorecida por los intereses de Europa y EE.UU. El diseño de los ferrocarriles y la situación de los puertos obedecía al papel de una América Latina considerada, en el marco de un capitalismo mundial, como exportadora de productos primarios. Se aumentarán las desigualdades entre naciones y en el interior de ellas, al existir innovaciones empresariales junto a viejas estructuras agrarias coloniales que perviven hasta el siglo XX.

Durante la transición de un siglo a otro, los estados andinos padecen frecuentes guerras civiles y en el Caribe y Centroamérica se suceden gobiernos militares encabezados por «caudillos» con prestigio político, que serán sustituidos por la figura del «dictador». Mientras, Paraguay, Venezuela y México presentan gobiernos de gran rigidez política. En este último país, un movimiento dirigido por hacendados del norte y apoyado por las clases medias derroca a Porfirio Díaz dando paso a la compleja Revolución Mexicana de 1910.

Es ahora cuando el arte hispanoamericano comienza a recuperar su identidad de mano del muralismo. Rivera, Siqueiros y Orozco impresionaron al mundo con su agresiva y rebelde creatividad que se extendió por el continente influyendo en el uruguayo Torres García o en la nueva arquitectura de Perú y Venezuela. Fue tan significativo el renacer estético del siglo XX que el centro internacional más famoso del momento —la School of New York—, tuvo su origen en tres pintores latinos: Torres García, el cubano Wifredo Lam y el chileno Roberto Matta.

Entre 1910 y 1930 el continente experimenta un fuerte crecimiento económico que favorece la europeización de las clases altas. Pero la crisis de 1929 bloqueó el mercado internacional e hizo decaer las exportaciones hispanoamericanas, lo que supuso el fracaso de economías aún no consolidadas y excesivamente dependientes. El rápido empobrecimiento de las masas trabajadoras provocó su movilización, que fue respondida con una serie de golpes de Estado como los de Argentina, Bolivia, Perú y República Dominicana en 1930; Guatemala, El Salvador, Ecuador y Chile en 1931; Cuba y Uruguay en

Monumento a Bolívar y San Martín en Guayaquil (Ecuador)

Mural mexicano en honor de los héroes de su independencia

1933 y Paraguay en 1936. Poco después, entre 1930 y 1955, abundaron carismáticos líderes en los que depositaban sus esperanzas pueblos insatisfechos con escasa formación política y sindical, surgiendo Juan Domingo Perón en Argentina o Velasco Ibarra en Ecuador.

Hacia 1960 algunos países habían instalado importantes complejos siderúrgicos fruto de una notable expansión industrial, como los de Monterrey en México, Medellín en Colombia o Buenos Aires en Argentina. Pero la necesidad de adquirir moderna maquinaria con la que competir aumentó el endeudamiento en divisas, iniciándose un intercambio desfavorable para la región. Como solución, algunos países inician una etapa de cierta protección a su propia industria con desarrollo de obras de infraestructura e incluso planes de reforma agraria —en parte para frenar el creciente apoyo popular a las guerrillas que surgían por todo el continente.

Sin embargo el ahorro y las inversiones internas no alcanzaron a reemplazar los capitales internacionales que seguían financiando los sectores más productivos y por tanto aumentando una deuda externa ya considerable en 1965. Tan sólo algunos países —Venezuela, Bolivia, Ecuador— recurrieron a las nacionalizaciones siguiendo el modelo de Cárdenas en México quien disminuyó la

Monumento a Simón Bolívar, libertador de América, en Santa Marta (Colombia)

presencia extranjera en la producción de petróleo.
La crisis económica encontró una rápida respuesta en el endurecimiento político. Este es el momento en el que se eternizan en el poder dictadores como Stroessner (Paraguay) o se inician auténticas dinastías como los Somoza (Nicaragua) y los Trujillo (República Dominicana). A la vez, en otros puntos, triunfan revoluciones como la boliviana en 1952 y la cubana en 1959, como opción de grupos sociales empobrecidos que recurren a la guerrilla para poner en marcha reformas que desde el poder se impedían reiteradamente. La intervención militar de EE.UU. en Guatemala (1954) o en República Dominicana (1965) intentó frenar la expansión de estas rebeldías contra el sistema establecido. Mientras, en Chile, Allende acelera un programa de transformaciones estructurales y en los países andinos surgen movimientos del ejército de tipo nacionalista como la llamada «Revolución Peruana» de Velasco Alvarado. En resumen, el período se cierra con la necesidad urgente de dar respuesta a una nueva sociedad.

Sin embargo, la verdadera revolución hispanoamericana fue la demográfica, ya que en la década de los sesenta el 40% de la población tenía menos de 15 años. Además, la concentración urbana —en 1960 el 48% era rural reduciéndose en 1980 al 30%— creó ciudades gigantes con extrarradios en los que reina la miseria, ya que la industria tan sólo genera empleo para el 18% de esas áreas urbanas que ahora ya habitan el 65% del total de los hispanoamericanos.

Desde el punto de vista político se inicia otro nuevo ciclo de golpes de Estado que desembocan en dictaduras militares, como en Perú y Panamá (1968), Bolivia (1969), Ecuador (1972), Uruguay y Chile (1973) y Argentina (1976) ocasionando un profundo deterioro social —brotes de guerrilla en las áreas más deprimidas— y aumentan la deuda externa para el conjunto de América Latina (incluido Brasil) que pasa de 42.300 millones de dólares en 1973 a 222.497 en 1980 y 420.000 en 1988. Los años ochenta suponen el progresivo debilitamiento de estas dictaduras.

período de relativa calma política con regímenes consensuados en las urnas pero con un sombrío panorama económico.
Inflaciones incontroladas y una deuda externa que absorbe entre el 30 y el 40% de los ingresos, convierte al continente en exportador neto de capitales que deberían invertirse en los propios países y frenar los fuertes desequilibrios sociales.
Un nuevo problema añadido son las tensiones surgidas en la zona andina de Colombia, Perú y

Mandatarios asistentes a la IX Cumbre de Jefes de Estado de Iberoamérica, La Habana (Cuba), 1999

Comenzando por el fin de Anastasio Somoza derribado por la revolución sandinista. Seguirá Argentina, donde Raúl Alfonsín heredará un país sumido en la crisis tras los excesos del ejército. En Uruguay tomará posesión Sanguinetti. En Paraguay, el general Andrés Rodríguez convocará las primeras elecciones libres en 1989 tras derrocar a Stroessner. Y en Chile un pacto con el dictador en el poder, permite una transición al sistema democrático conservando al mando de las fuerzas armadas al mismo Pinochet.
Actualmente Hispanoamérica disfruta de un

Bolivia donde el narcotráfico mundial se abastece de hojas de coca. El descenso en los precios de los productos tradicionales hace difícil una solución para campesinos que sobreviven plantando coca. La búsqueda de cultivos alternativos, y la creación de un mercado estable que garantice la rentabilidad de nuevas producciones, parece la vía a seguir en una situación conflictiva que excede las fronteras de Hispanoamérica por su alcance internacional. Así pues, el final del milenio presenta un futuro incierto para un continente con muchas posibilidades y grandes problemas.

6. Agricultura, ganadería y pesca

La agricultura y la ganadería constituyen la principal actividad económica de Hispanoamérica —más de la mitad de su superficie se utiliza como tierra de cultivo, pastos o prados— y ocupan un puesto notable en el ranking mundial. Además, algunos artículos como el maíz, los frutos agrios, la caña de azúcar, el café o el cacao, tienen, incluso, el carácter de monopolio.

A pesar de las grandes extensiones cultivadas, la agricultura es poco competitiva y muchas tierras están desigualmente repartidas en enormes o pequeñas explotaciones que tienen escasos beneficios. Por otra parte, el clima y la vegetación tan peculiares de algunas zonas —selvas tropicales, alta montaña— impiden el desarrollo normal de esta actividad.

Podríamos hablar de dos tipos de agricultura en Hispanoamérica: La de *subsistencia,* de consumo interior, sin apenas mecanización y con grandes superficies dedicadas al maíz, papas, trigo, arroz y mandioca.

Y la *comercial,* más evolucionada y destinada a la exportación: café, caña de azúcar, cacao, algodón y tabaco. Los principales receptores de estos productos son Estados Unidos y Europa.

El maíz, de consumo tradicional en culturas como la *Azteca* o la *Maya,* significó ayer y simboliza hoy lo mismo que el trigo en Europa, el mijo en África o el arroz en Asia. Sus excedentes se exportan desde países como México o Argentina. Se cultivan, además, otros cereales como el trigo y, en menor cantidad, la cebada, la avena, el centeno y el arroz.

La patata, procedente del área andina, se introdujo tempranamente en Europa, primero

Mazorcas de maíz, base de la vida de los pueblos hispanoamericanos

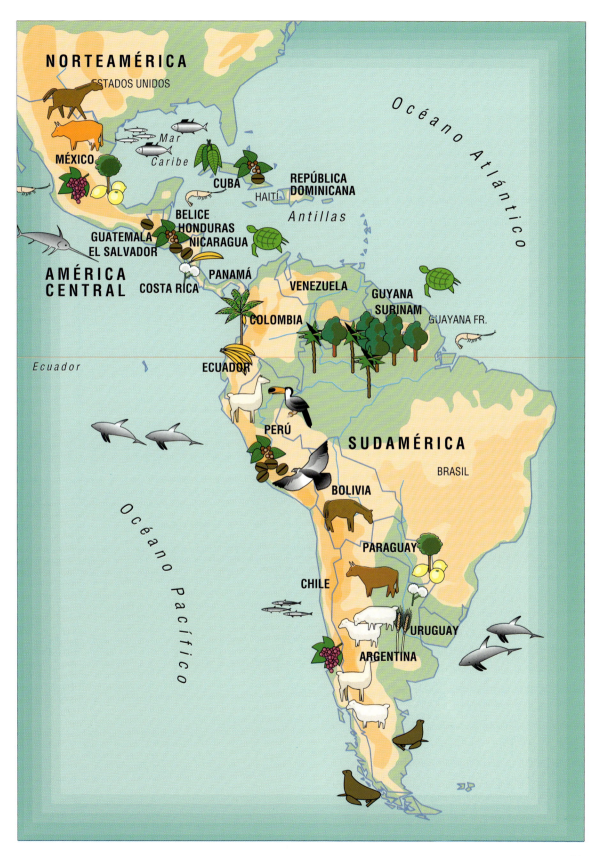

Las andenerías, logro incaico, son, hoy como ayer, la única forma posible de cultivo en las zonas montañosas

como comida para animales y ya en el siglo XVII como alimento humano, ayudando a disminuir el hambre que asolaba el continente. En la actualidad su importancia ha disminuido de manera notable, alternándose con otros tubérculos como la mandioca, la batata y el ñame.

El cultivo de plantas estimulantes como el café —importado por los europeos pero originario de Oriente— o el cacao, está muy extendido en las regiones intertropicales, desde México a Chile. Hasta principios de siglo Hispanoamérica dominó el mercado mundial de ambas especies. Hoy sigue siendo el primer exportador de café, principalmente de Colombia, México y Guatemala. En cambio, en el caso del cacao el principal exportador hoy día es África, aunque subsisten países, como Ecuador, que mantienen el prestigio internacional sobre el producto.

La hoja de coca se ha convertido en los últimos años en un producto de exportación —la mayor parte se destina a Estados Unidos y a Europa— muy codiciado. En Colombia, Bolivia y Perú, el narcotráfico supera ya en volumen de ingresos a los demás artículos de comercio legal.

La caña de azúcar representa la mitad de la producción mundial. Su plantación es posible en casi toda la zona, pero destacan las costas del golfo de México, América Central (con

Manada de reses en La Pampa (Argentina)

predominio de Cuba, primer exportador mundial), algunas naciones de América del Sur como Argentina y Paraguay, y el área andina (sobre todo Perú).

De gran importancia son los frutos tropicales como la banana, coco, piña, dátil y aguacate. El tabaco es cultivo de origen antillano que se exportaba a España por su aroma y como elemento ornamental, siendo posteriormente consumido a la manera indígena (fumado en pipa o masticado). Sobresale por su calidad el de Cuba. El algodón, procedente de la India e importado por los españoles, ha adquirido gran importancia en la economía de México, Argentina y Paraguay. Por último, en cuanto a las plantas oleaginosas, se obtiene más de la mitad de la soja mundial en Argentina y Paraguay, y cantidades muy notables de aceites de algodón, lino, aguacate, maní y otras variedades tropicales.

Recolección del café en Nicaragua

La ganadería es, en general, menos importante que la agricultura. Sin embargo, las montañas y valles de Argentina y Uruguay mantienen una cabaña de animales —bovinos, ovinos, equinos y porcinos— de excelente calidad. Las regiones de Patagonia, Chaco y Pampa en Argentina conforman el área más influyente del mundo por el número de cabezas de ganado y exportaciones de carne y sus derivados, como leche, cuero, pieles y lana.

En Uruguay, el 85% de su superficie —la nación con mayor densidad por km^2— se dedica al pastoreo.

Por su natural disposición, con enormes extensiones de costas bañadas por los océanos Atlántico y Pacífico, la pesca ha sido ejercitada desde tiempos remotos por casi todos los países, especialmente Chile y Perú, que cuentan con una de las flotas más grandes del mundo. Existen dos zonas pesqueras de gran riqueza, el Mar de las Antillas y las islas Malvinas en el Atlántico Sur, en las que faenan barcos de los cinco continentes.

7. Industria, energía y materias primas

Hispanoamérica es una región escasamente industrializada —sólo alcanza un elevado nivel en la extracción de minerales— pero con un sector energético (petróleo, gas natural, carbón) floreciente que dedica en gran parte a la exportación, en especial el petróleo, que supone en algunos países más de la mitad de los ingresos totales del Estado. La energía eléctrica se obtiene de centrales térmicas convencionales (60%), hidroeléctricas (36%), geotérmicas (3%) —sólo en México, El Salvador y Nicaragua— o nucleares (1%) —únicamente en Argentina y México.
Es notable la producción de cemento, gasolinas, neumáticos, cigarrillos, bebidas alcohólicas, refrescos y en menor cantidad, pasta de papel, azúcar y algodón. La industria pesada se concentra en zonas con reservas mineras de hierro y carbón en México, Argentina, Venezuela y Chile. Entre los productos siderometalúrgicos destacan el acero, el arrabio (hierro colado) y los laminados.
Hispanoamérica compite a nivel mundial en los sectores del petróleo y sus derivados (gasolinas, gasóleos, fuel) y en las actividades relacionadas con la extracción de minerales, principalmente hierro, plata, oro, cinc, cobre, estaño y antimonio.

Yacimiento petrolífero en Venezuela

La industria se concentra en cuatro áreas importantes: México, Centroamérica —en especial Cuba—, países andinos —sobre todo Venezuela— y Cono Sur —Argentina, Uruguay y Chile—. Se establece en los alrededores de las grandes ciudades, contribuyendo de esta manera a satisfacer las exigencias de una población en continuo crecimiento.
En México, las industrias más prósperas son las petroquímicas y las agroalimentarias, aunque también tienen importancia las de fabricación de maquinaria, siderúrgicas, construcción (cemento), bebidas (cerveza), textiles y gasolinas. Se distribuyen en el área del Altiplano, principalmente en el Distrito Federal, Guadalajara, Monterrey y, en menor medida, en Puebla y Ciudad Juárez. La verdadera riqueza mexicana proviene de sus recursos naturales, sobre todo hidrocarburos —es el cuarto productor mundial de petróleo— y minerales. También es el principal exportador del mundo de plata, celestita y fluorita, y uno de los mayores productores de mercurio, antimonio, cadmio, magnesio y cinc, además de contar con yacimientos de cobre, sal y fosfatos naturales.
La reforma agraria de los años sesenta en Cuba ha triplicado la producción industrial del país

Obrero trabajando en una fábrica de siderometalurgia

El área andina cuenta con algunos centros muy dispersos que no alcanzan el nivel de gran desarrollo industrial, salvo en lo que al refinado del petróleo, extracción de gas y minería se refiere. Destacan el antimonio (2.º productor mundial), la plata y el estaño en Bolivia; plata, cinc y cobre en Perú; oro y esmeraldas en Colombia; aluminio, hierro y, sobre todo, petróleo y sus derivados en Venezuela. Este último país dispone de otras industrias como la construcción, neumáticos y productos siderometalúrgicos en las inmediaciones de Caracas, Valencia y Maracaibo.

(en su mayoría en manos del Estado). Es básicamente procesadora de artículos agrícolas —azúcar y tabaco—, ron y materiales de construcción. Se dispone en los alrededores de La Habana y en la parte occidental de la isla (Santiago y Holguín). Su importancia minera se reduce al níquel, al igual que la República Dominicana. El resto de naciones centroamericanas tienen una industria de carácter doméstico.

Los países del llamado Cono Sur integran una de las zonas más desarrolladas de Hispanoamérica, en su mayor parte relacionadas con la producción agropecuaria, textil y minera. Argentina tiene gran importancia en artículos alimenticios, construcción (cemento), siderometalúrgicos, textiles y derivados del petróleo (gasolina). Buenos Aires concentra casi el 50% de la actividad, aunque existen otros tres distritos: las provincias orientales de la Pampa, las septentrionales de Tucumán, Salta y Jujuy, y la región andina de Mendoza y San Juan. Uruguay tiene casi toda su industria en Montevideo y en las ciudades de la orilla izquierda del río que le da su nombre. Sobresale en cemento y en la preparación de carnes y derivados de la leche. Chile dispone de dos áreas: una desértica al norte, donde se distinguen las industrias mineras (primer productor mundial de cobre) y químicas, y otra en el centro y sur, con predominio de las alimenticias (pesqueras y vinícolas), forestales y construcción.

Minas de cobre en pleno corazón de los Andes

Ruinas mayas de Tulum a la orilla del Caribe mexicano

8. Turismo

Hispanoamérica cuenta con todos los recursos naturales y culturales para atraer al turista más exigente, pues sus inmensas costas de playas vírgenes compiten en belleza con pirámides enclavadas en las selvas tropicales y con impresionantes catedrales y palacios. El sabor de su variada gastronomía, el color de sus calles, el sonido de sus marimbas, guitarras o flautas no hacen sino acompañar la cálida acogida de su amable gente.

Sin embargo, el turismo es un fenómeno reciente, con un gran potencial aún sin explotar que se reduce a zonas muy localizadas. No supone, pues, una contribución considerable en el ingreso de divisas y, por tanto, su incidencia en el desarrollo económico es, salvo excepciones, poco significativo. Con datos de 1994, sólo sobrepasan el millón de turistas al año México (7.015.600), Argentina (3.532.053), Uruguay (1.865.854), República Dominicana (1.768.552), Chile (1.622.800) y Colombia (1.026.900), de un total de 20 para todo el continente.

Existe un turismo interior, practicado por los nacionales dentro de su propio país y en los fronterizos, que no genera grandes beneficios,

Indígena guatemalteco tocando la marimba

y otro que proviene del exterior, que aporta la verdadera riqueza del sector turístico y de servicios.

Los visitantes extranjeros son principalmente norteamericanos y europeos, que llegan en todo tipo de medios de transporte (tren, coche, barco), aunque en su mayoría lo hacen por avión debido a las enormes distancias del continente y al difícil acceso de algunas regiones por su geografía.

En la corriente turística existen *dos destinos* muy diferenciados:

• Uno *relajante* y *placentero* que busca el *sol* y las *playas* del mar *Caribe* y de los océanos

Isla del Rosario (Colombia)

Pacífico y *Atlántico,* donde se encuentran muchos lugares de aspecto paradisíaco sin explotar y en estado semisalvaje, y al que acuden sobre todo norteamericanos en demanda de ocio y descanso. Es de una minoría elitista, ya que se sostiene en una cadena hotelera de alta categoría y con frecuencia de lujo.

• Otro *cultural,* especializado en los atractivos del *patrimonio histórico-artístico,* la belleza de los *paisajes* naturales y el *folclore* autóctono de cada zona, en su mayor parte vinculados a las civilizaciones prehispánicas y a las ciudades coloniales, del que participan

Escultura en Chinchen-Itzá (México)

Niña indígena del Amazonas

Indígenas guatemaltecas

fundamentalmente los europeos. Sus precios están más al alcance de todos, aunque variaciones monetarias de los respectivos países hacen muy cambiante el mercado.
En el mar Caribe, que desde México baña las islas de las Antillas, las costas centroamericanas y el litoral septentrional de Colombia y Venezuela, destacan por su atractivo: Akumal y Cancún en el Yucatán mexicano. Cancún, centro turístico de lujo, cuenta con un complejo de arquitectura moderna y funcional de amplios servicios e

Playa de Cancún en el Caribe mexicano, meta del turismo mundial

Templos mayas de las ruinas de Tikal (Guatemala)

intensa vida comercial; Portobelo y Playa de la Langosta en Panamá; el área de Puerto Limón, en la que abundan los arrecifes vivos de coral, en Costa Rica; Isla Margarita, Catá y Cumaná en Venezuela; Varadero —con 20 km de playas—, Siboney, Playa Larga y Manzanillo en Cuba, la llamada «perla del Caribe»; La Romana, en la recortada costa suroriental plagada de bahías e islas, y Macao, lengua de arena con una exuberante vegetación tropical de palmerales, en la República Dominicana.

En el litoral del Pacífico, con más kilómetros de playas pero menos núcleos turísticos pues el clima se va enfriando según bajamos hacia el sur, cabe citar la más importante, la costa mexicana, con Acapulco en una bahía resguardada por montañas cubiertas de vegetación tropical, Puerto Vallarta, Mazatlán y el moderno Huatulco. En menor medida sobresalen La Libertad y El Cuco, de arena volcánica y mar con fuerte oleaje, en El Salvador; Puntarenas, Samara y Playa Hermosa en Costa Rica; Contadora y San Miguel en el archipiélago de Las Perlas, en Panamá; Valparaíso (lugar de veraneo de los chilenos y principal puerto del país), Arica y Viña del Mar, en Chile. La costa del Atlántico ofrece pocos atractivos turísticos por su cercanía a la zona austral, aunque existen algunos sitios como Punta del Este en Uruguay, ciudad balnearia muy concurrida todo el año.

Escultura de San Agustín (Colombia)

Detalle de las ruinas mayas de Palenque (México)

Paisaje de Acapulco con su bahía al fondo

El turismo cultural, mayoritariamente europeo, se distribuye en aquellos lugares en donde se desarrollaron las principales culturas antiguas ya desaparecidas y en las ciudades de origen colonial que incorporaron un patrimonio monumental —civil y religioso— a raíz del Descubrimiento.

El arqueológico se dirige a dos áreas fundamentales:

• La de México, Guatemala y Honduras, en la que florecieron diversas civilizaciones como la *Azteca,* la *Maya...* con sus esplendorosos edificios (pirámides, templos, palacios, juegos de pelota, etc.). En México destacan las ciudades del Teotihuacan, Tula, El Tajín, Monte Albán, Palenque, Uxmal y Chichen-Itzá; en Guatemala Tikal y en Honduras Copán.

• Y la de Perú y Bolivia, cuna del imperio *inca* del que se conservan numerosos restos de su arquitectura en Cuzco, Pachacámac, Cajamarquilla, Huaycatambo, y, sobre todo, Machu Pichu en Perú, y Tiahuanaco en Bolivia. El turismo combina la visita a estos yacimientos con el placer de la naturaleza, pues

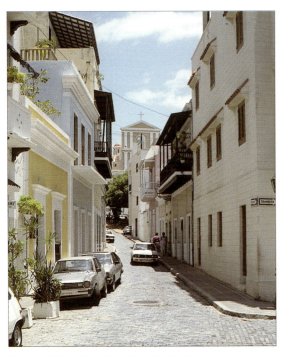

Calle del Viejo San Juan (Puerto Rico)

Iguana de las islas Galápagos (Ecuador)

en su mayoría se encuentran en zonas de acceso complicado y belleza extraordinaria. Relacionado con el anterior, el histórico se encamina a las ciudades coloniales. Por el interés monumental de sus catedrales, callejuelas, pórticos, plazas, palacios y fortalezas, cabe citar Cartagena de Indias, Tunja y Bogotá en Colombia; La Paz, Cochabamba y Potosí en Bolivia; La Habana en Cuba; Quito en Ecuador; México D.F., Oaxaca, Guanajuato, Pátzcuaro y San Cristóbal de las Casas en México; Cuzco y Lima en Perú.

El turismo ecológico ofrece por sí solo unas posibilidades enormes, pues la región cuenta con una gran variedad de paisajes, así como una fauna y una flora muy diversa. Sin embargo, tampoco se ha explotado convenientemente a excepción de algunas zonas muy localizadas como la Patagonia argentina (Bariloche es la estación de invierno más grande de América del Sur) y el territorio de la Tierra del Fuego, Antártida e islas del Atlántico Sur, con nieves eternas y volcanes activos; los parques nacionales de Guayabo, Tortuguero y Sarchi en Costa Rica; las cumbres andinas y la exótica isla de Pascua —con sus colosales estatuas— en Chile; o la importante reserva ecológica del archipiélago de Las Galápagos en Ecuador.

Flamencos de un parque natural de Costa Rica

9. Transportes y comunicaciones

Transporte público en Cartagena de Indias (Colombia)

El sector de transportes y comunicaciones es fundamental para el desarrollo económico y cultural de un país. Permite, por un lado, el traslado de personas y la comercialización de productos agrícolas, materias primas y artículos industriales desde el lugar de origen al de destino, poniendo en contacto al productor con el consumidor. Por otro, facilita la conexión hablada y escrita entre naciones, estrechando lazos que de otro modo serían imposibles. Hispanoamérica, a excepción de Argentina y México, cuenta con un entramado muy limitado —es una de las razones de su tradicional atraso—, en gran parte debido a las dificultades orográficas del continente, con enormes extensiones de selva o montaña y en general de terreno muy accidentado o de acceso complicado.

Los medios de transporte y comunicación pueden ser terrestres, marítimos y aéreos, y cada uno de ellos exige una modalidad específica de circulación.

Terrestre

Las carreteras hispanoamericanas son numerosas pero en general deficientes. Algunos tramos de acceso a las grandes ciudades disponen de autopistas o autovías que alivian el tráfico. Las naciones con mayor extensión caminera son México (252.000 km), Argentina (208.350 km), Colombia (115.564 km), Venezuela (84.300 km), Chile (79.800 km) y Perú (72.146 km), aunque de ellas, escasamente el 30% están pavimentadas.

Las mejores carreteras hispanoamericanas forman parte del Sistema Panamericano de Carreteras, una red caminera que une Fairbanks (Alaska) con Santiago de Chile y Buenos Aires. El tramo que recorre México y América Central recibe el nombre de Carretera Interamericana y llega hasta la capital de Panamá, donde comienza la Carretera Panamericana que cruza toda la costa oeste de América del Sur. De la Panamericana nacen importantes ramales, como la Carretera Simón Bolívar y la Transamazónica, que comunican los distintos países del continente.

El sistema ferroviario es de menor relevancia y transcurre básicamente entre los principales núcleos urbanos. En la región de La Plata (Argentina) se despliega una completa estructura que en todo el país alcanza los 37.830 kilómetros (tres veces la red española). Dos líneas, Buenos Aires-Valparaíso y Antofagasta-Salta presentan un desarrollo transcontinental (entre Argentina y Chile). También México (31.048 km) y Chile (8.200 km) sobresalen por la amplitud de sus ramales. El suburbano (metro) adquiere gran trascendencia en México D.F., que mueve más de 3 millones de viajeros al día, y en Caracas, como elemento esencial para el transporte masivo de personas a sus lugares de trabajo.

A raíz de la extracción del gas y del petróleo en los abundantes yacimientos de la región, se ha multiplicado la red terrestre de tuberías que permite el traslado de estos productos a diversos puertos marítimos para su

Barco de pasajeros anclado en el Canal de Panamá

exportación a otras naciones y continentes. México y Venezuela, grandes productores de petróleo, poseen dos de las mayores redes de tuberías del mundo. México tiene 53.004 km de tuberías entre oleoductos, gasoductos y petroductos; y Venezuela, 10.860.

Marítimo

Este medio de transporte realiza un cometido fundamental en las relaciones internacionales por cuanto el 97% de la población mundial vive en países con acceso directo al mar.

El tren une los principales núcleos urbanos de Hispanoamérica

El de pasajeros se ha visto desplazado en beneficio de la aviación comercial, y ha hecho desaparecer los grandes trasatlánticos que cubrían, hasta mediados de este siglo, las rutas intercontinentales.
Los viajes por mar han quedado casi reducidos a los cruceros de placer, y buscan puntos de destino turístico como:
Puerto Vallarta, Cancún y Acapulco en México; La Habana en Cuba; Puerto Limón y Puntarenas en Costa Rica; Viña del Mar en Chile; o Puerto Plata en la República Dominicana.
El de mercancías está unido por varias líneas de navegación marítima a Estados Unidos, Europa y Asia, y en menor escala Australia y África. Puertos como Buenos Aires, Montevideo, Veracruz, Colón, Maracaibo, Valparaíso, Asunción o Guayaquil facilitan un comercio que llevó a la construcción del Canal de Panamá, única vía real de comunicación entre los océanos Atlántico y Pacífico. Inaugurado en 1920, el Canal, que tiene 80,5 km de largo y 91,5 m de ancho, es una pieza clave para el comercio mundial. Se destina principalmente al transporte de hidrocarburos, mineral de hierro, carbón y cereales. Panamá y Honduras han conseguido, con sus ventajas fiscales, tener dos de las mayores flotas mercantes del mundo (Panamá, 4.632 buques en 1998 y Honduras, 247 en 1998), aunque en su mayor parte es propiedad extranjera. También son importantes las vías fluviales navegables (Orinoco, Paraná-Paraguay, Magdalena-Cauca) que posibilitan la penetración hacia las regiones interiores de países como Bolivia, Colombia, Paraguay, Perú, Uruguay o Venezuela.

Aéreo

Permite alcanzar las zonas más inaccesibles y en poco tiempo, pero es de escasa capacidad de carga, alto consumo y caro mantenimiento.

Avión de Aerolíneas Argentinas disponiéndose para el vuelo

Con todo, el avión es el vehículo ideal para largas distancias y para el transporte de mercancías de precio elevado o perecederas. Las grandes ciudades hispanoamericanas están comunicadas entre sí y con los centros turísticos por rutas aéreas locales, a la vez que desarrollan un considerable tráfico internacional de líneas regulares nacionales y extranjeras.

Existen varios aeropuertos en México, Chile y Argentina. Todos los países poseen compañías aéreas propias, algunas con renombre internacional por sus años de experiencia como Aeroméxico, Aerolíneas Argentinas, Avianca y Viasa.

Correos y teléfonos

El servicio público de correos se introdujo en Hispanoamérica a principios del siglo XVI. Hoy en día las principales poblaciones cuentan con oficinas que distribuyen la correspondencia a gran parte de su geografía. El de teléfonos, implantado a finales del siglo pasado, es por su inmediatez más necesario, aunque no llega a todos los hogares por la inaccesibilidad de

Cabina telefónica en una calle de Argentina

El transporte marítimo acentúa las relaciones internacionales

avanzado, aunque existen grandes diferencias entre unos países y otros. Todas las naciones utilizan el satélite *Intelsat*, propiedad conjunta de más de un centenar de Estados, para las comunicaciones internacionales, salvo Cuba, que emplea el Intersputnik. México cuenta además con dos satélites propios (los Solidaridad), lanzados en 1993 y 1994; gracias a ellos, el país está perfectamente conectado con el resto del planeta. Por su parte, la compañía mexicana Televisa es copropietaria de varios satélites, que

ciertas zonas y la falta de medios para la ejecución de las infraestructuras necesarias. En general, el sistema telefónico iberoamericano es bastante moderno y proporcionan el 98% de la cobertura mundial. Panamá, la República Dominicana y Venezuela tienen también sistemas de comunicación por cable submarino.

El teléfono público está al alcance de todos en las grandes ciudades de América, como se puede apreciar en esta imagen del centro de Bogotá

Las líneas aéreas nacionales y extranjeras comunican América con el resto del mundo

	Vías ferroviarias (en km)	Carreteras (en km)	Nº de barcos mercantes	Nº de teléfonos	Nº de aeropuertos
Argentina	37.830	208.350 (1998)	29 (1998)	4.600.000 (1990)	1.374 (1998)
Bolivia	3.691 (1995)	52.216 (1995)	6 (1998)	144.300 (1987)	1.130 (1998)
Chile	6.782 (1995)	79.800 (1996)	42 (1998)	1.500.000 (1994)	378 (1998)
Colombia	3.380 (1995)	115.564 (1997)	14 (1998)	1.890.000 (1986)	1.120 (1998)
Costa Rica	950	35.597 (1997)	0	281.042 (1983)	156 (1998)
Cuba	4.807	60.858 (1997)	18 (1998)	229.000	170 (1998)
Ecuador	965	42.874 (1998)	23 (1998)	586.300 (1994)	183 (1998)
El Salvador	602	10.029 (1997)	0	350.000 (1997)	86 (1998)
Guatemala	884	13.100 (1996)	0	210.000 (1993)	478 (1998)
Honduras	595	14.173 (1998)	247 (1998)	105.000 (1992)	122 (1998)
México	31.048 (1998)	252.000 (1996)	52 (1998)	11.890.868 (1993)	1.805 (1998)
Nicaragua	—	16.382 (1998)	0	66.810 (1993)	184 (1998)
Panamá	355	11.100 (1996)	4.632 (1998)	273.000 (1991)	110 (1998)
Paraguay	971	29.500 (1996)	21 (1998)	88.730 (1985)	941 (1998)
Perú	2.041 (1997)	72.146 (1998)	7 (1998)	779.306 (1990)	44 (1998)
R. Dominicana	757 (1995)	12.600 (1996)	1 (1998)	190.000 (1987)	36 (1998)
Uruguay	2.994 (1997)	8.420 (1996)	2 (1998)	767.333 (1997)	65 (1998)
Venezuela	584	84.300 (1996)	32 (1998)	1.440.000 (1987)	371 (1998)

Fuente: The Word Factbook 1999. Central Inteligence Agency (CIA)

En Hispanoamérica, como en cualquier otro lugar del mundo, la transmisión de la información se realiza, fundamentalmente, mediante tres medios de comunicación social —prensa, radio y televisión—, independientes entre sí pero con un mismo objetivo: el de dar a conocer las noticias con la mayor independencia posible a sus lectores, oyentes o videntes.

Prensa

En todo el territorio hispanoamericano existen alrededor de 900 diarios, en su mayoría de ámbito local o regional. La difusión total —número de ejemplares vendidos al día— es de casi 33 millones, lo que significa un porcentaje de 110 por cada mil habitantes (mayor que el de España).
Destacan en número de cabeceras México (392) y Argentina (159); Perú (66), Venezuela (54), Chile (45) y Colombia (45). Los líderes de ventas son los diarios *Clarín* y *Crónica*, en Argentina; *El Tiempo* y *El Espectador*, en Colombia; *Gramma*, en Cuba; *La Prensa*, *Excelsior*, *Novedades* y *El Nacional*, en México; y *Últimas Noticias* y *Meridiano*, en Venezuela. Todos se publican en las respectivas capitales de cada país, aunque algunos tienen ediciones regionales.

Dentro de la prensa diaria especializada destacan también la deportiva y la llamada «del corazón», en auge los últimos años.

La economía y la cultura se reducen a ambientes muy concretos y minoritarios. Todas atraviesan una crisis generalizada debido a la subida del precio del papel y a la falta de publicidad, verdadera fuente de supervivencia.

Radio

Es un medio de gran influencia en Hispanoamérica, debido a su gran audiencia, muy superior a la de otras zonas del continente y una de las mayores del mundo. Los programas de entretenimiento —sobre todo radionovelas— acaparan el mayor interés de la población. El número de receptores en los 18 países es de 92.550.000, lo que significa que uno de cada tres habitantes escucha de manera habitual la radio. La estructura empresarial se asienta sobre un sistema mixto de capital público y privado. El futuro es prometedor por cuanto es barato y sencillo, muy apropiado para áreas geográficamente poco asequibles y económicamente deprimidas.

Televisión

El medio televisivo, sin duda el de mayor impacto y audiencia, se mueve entre los canales públicos financiados por el Estado y

Habitantes de la República Dominicana leyendo diferentes periódicos.

Torre de comunicaciones (Chile)

los privados de capital particular. Todos los países disponen de emisoras estatales, que en Cuba adquieren incluso el carácter de monopolio. Las privadas son más abundantes y en ocasiones se captan de estaciones extranjeras como Estados Unidos. La oferta de programación es variada, aunque destaca la emisión de telenovelas —generalmente producciones de México, Venezuela y Colombia—, que producen cuantiosos beneficios y se exportan a Europa y a Japón con gran éxito. Se contabilizan 42.563.000 aparatos de televisión, es decir, uno de cada siete habitantes del continente tiene uno.

El medio televisivo presenta un futuro impresionante a través de las emisiones vía satélite y por cable que van adquiriendo, al igual que en el resto del mundo, una importancia cada vez mayor. Múltiples competidores internacionales (sobre todo estadounidenses) están interesados en un mercado privilegiado de un mínimo de 40 millones de televidentes. Cabe destacar las cadenas mexicanas Televisa (que proyecta emitir 150 canales además del que ya funciona en Europa con el nombre de Galavisión) y Medcom-Multivisión, la argentina Nahuet Sat, S.A. (que cuenta con un satélite y un segundo en proyecto) y otras compañías menores iberoamericanas.

Un ejemplo de la importancia de este tipo de emisiones es el nuevo Canal de Televisión Educativa, diseñado y dirigido conjuntamente por España e Hispanoamérica a través del satélite Hispasat. Su programación, de tipo educativo, pretende acercar ambas comunidades con su rica diversidad cultural, utilizando para ello la lengua que les es común.

Internet

Este moderno y revolucionario medio de comunicación también está presente en Iberoamérica. No existe un líder indiscutible en este sector, ya que hay una dura competencia entre las diferentes compañías telefónicas, casi todas ellas multinacionales. Las más importantes son Starmedia, que facturó más de 9,75 millones de dólares en 1999, Terra Networks o Telmex (Telefónica Mexicana), aliada del gigante informático Microsoft.

Centro de comunicaciones en Colombia

11. Comercio

El comercio hispanoamericano se extiende en un espacio reducido y depende en gran medida de su potente vecino estadounidense, tanto para las exportaciones como, fundamentalmente, para las importaciones. Salvo México y Argentina, y en menor escala Venezuela, Colombia y Chile, los demás países se quedan reducidos a un mercado interno limitado y muy localizado. Vende al resto de América, Europa Occidental y la antigua Unión Soviética materias primas agropecuarias, minerales y derivados del petróleo con las que compra en el exterior los productos industriales que necesita. Depende, además, de otras naciones y continentes en lo que respecta a medios de transporte y comunicación, puesto

Plantación de tabaco en Cuba

El petróleo, producto básico del comercio

que las compañías y empresas más importantes son de capital extranjero mayoritario.

Hispanoamérica presenta una balanza comercial tradicionalmente deficitaria: importa más de lo que exporta; aunque países como Colombia, Ecuador y Venezuela compensan sus cuentas de resultados con la venta de productos petroleros. El escaso nivel de desarrollo de algunos sectores ha endeudado su economía hasta extremos insoportables. El inadecuado sistema de infraestructuras que impiden la rápida y barata circulación de mercancías, y las insuficientes redes de distribución y comercialización, componen un

El presidente norteamericano Clinton, gran impulsor del acuerdo NAFTA

Detalle de una plantación de café

panorama negativo que requiere un gran esfuerzo inversor para modernizar las actividades productivas (agricultura, industria, servicios) con el fin de competir con otros Estados y recuperar el debilitado mercado interior.

Estados Unidos es el principal proveedor y también su mejor cliente. Junto con Europa Occidental cubre el 90% del comercio exterior, tanto de exportaciones como de importaciones. En menor proporción, Rusia y algunas naciones del continente asiático y del este europeo contribuyen a equilibrar la balanza de pagos.

Exporta materias primas y productos procesados, principalmente agrícolas (maíz, soja, cacao, café, azúcar, plátanos, algodón, lino, tabaco, alcoholes), ganaderos (derivados de la leche, carne, lana, pieles), mineros (níquel, estaño, plomo, cinc, cobre, antimonio, plata) y energéticos (carbón, petróleo, gas natural). A cambio, importa equipamientos

51

industriales (maquinaria, herramientas, tecnología) para la elaboración y fabricación de bienes de consumo. A la cabeza de las exportaciones —en millones de dólares— se encuentran México (129.200), Argentina (29.450) Venezuela (19.225), Chile (18.940) y Colombia (15.765).

En importaciones, México (48.300), Argentina (15.950), Venezuela (11.770) y Chile (11.110) La balanza de pagos, en general deficiente, rinde a veces más beneficios a los capitales extranjeros que a los nacionales, por la intervención de los países más desarrollados en su economía mediante la instalación de empresas foráneas (extranjeras) o mixtas. El Producto Interior Bruto (PIB) por habitante —en dólares— es bastante bajo. Sólo Argentina (5.790), Uruguay (3.783), Chile (3.557), México (3.394), Venezuela (2.681), Panamá (2.711), Costa Rica (2.030) y Perú (2.139) sobrepasan la barrera de los 2.000 dólares. Algunos como Guatemala (964), Bolivia (892), Honduras (722) y Nicaragua (591) se mueven en cifras de subdesarrollo evidente.

El tradicional déficit público, compensado

■ Hispanoamérica en cifras económicas

	PIB/habitante (dólares de 1990)	Deuda externa total (mill. dólares)	Importaciones (mill. dólares)	Exportaciones (mill. dólares)
Argentina	5.790	118.200 *	36.650	29.450
Bolivia	892	4.250 *	2.145	1.310
Chile	3.557	30.670	22.445	18.940
Colombia	1.442	34.000	19.135	15.765
Costa Rica	2.030	3.430	6.765	6.600
Cuba	1.560 **	10.200	3.000 **	1.400 **
Ecuador	1.284	16.100	6.325	5.240
El Salvador	1.161	2.690 *	4.340	2.740
Guatemala	964	2.400 *	4.980	3.685
Honduras	722	4.150	2.880	2.385
México	3.394	158.000 *	137.400	129.200
Nicaragua	591	6.280 *	1.645	800
Panamá	2.711	5.350 *	8.965	8.540
Paraguay	1.248	1.620	4.280	3.895
Perú	2.139	29.780	10.690	7.415
R. Dominicana	1.104	3.470	8.440	7.510
Uruguay	3.783	5.750 *	4.590	4.310
Venezuela	2.681	31.600	18.570	19.225

(Fuente: Balance preliminar de las economías de América Latina y el Caribe, 1998. CEPAL)
* La cifra no incluye la deuda total
** Fuente: The Word Factbook 1999. Central Inteligence Agency (CIA) (Datos de 1998)

El café es uno de los productos básicos de la exportación colombiana

gracias a la exportación del petróleo, ha obligado a los Estados a recurrir a préstamos internacionales, contrayendo así una deuda externa desmedida y asfixiante en México —la segunda mayor del mundo tras Brasil (158.000 millones de dólares reconocidos)—, Argentina (118.200 reconocidos), Venezuela (31.600) y Chile (30.670).

Con el fin de proteger las respectivas economías existen tratados comerciales internacionales como el GATT (acuerdo general sobre aranceles y comercio) que favorecen los intercambios entre las diferentes naciones del mundo. Además, a nivel regional, algunas zonas de libre cambio rebajan o suprimen entre sí los aranceles para determinadas mercancías. Es el caso de la Asociación Latinoamericana de Integración (ALADI), el Mercado Común Centroamericano —MCCA— (Costa Rica, El Salvador, Guatemala, Honduras, Nicaragua, Panamá), el Pacto Andino (Bolivia, Colombia, Ecuador, Perú, Venezuela) el Mercado Común del Sur —MERCOSUR— (Argentina, Brasil, Paraguay, Uruguay) y el Acuerdo de Libre Comercio de América del Norte —NAFTA— (Estados Unidos, Canadá, México).

También hay convenios de preferencia firmados entre Estados desarrollados y subdesarrollados para beneficiar las exportaciones de estos últimos, como el de Lomé entre la CEE y los países más atrasados del Caribe, África y del Pacífico.

El comercio interior hispanoamericano es muy limitado y en muchas regiones se reduce a los productos agrícolas, ganaderos, pesqueros y textiles que forman una economía básica de intercambio local. El consumo privado, aunque ciertamente ha aumentado en los últimos años, está sujeto a excesivas fluctuaciones (inflación, cosechas, catástrofes naturales) que han impedido un crecimiento sucesivo y prolongado.

Planta del algodón

12. Servicios públicos

Desde la segunda mitad del siglo XX algunos servicios públicos del Estado han adquirido cada vez mayor importancia por la extensión de las prestaciones sociales, que contribuyen decisivamente a la mejora de la calidad de vida de los ciudadanos. Los más destacados son la *sanidad* y la *educación,* sectores básicos en la llamada sociedad del bienestar que caracteriza a los países más desarrollados; y en menor medida los *financieros* (cajas, bancos, bolsas), de *seguridad* (policía, bomberos), *comunicaciones* (correos, teléfono, telégrafo) o los relacionados con el *ocio* (televisión, radio, bibliotecas), el *turismo* (visita a monumentos)

■ Indicadores sanitarios y educativos en Hispanoamérica

	Esperanza de vida (1995-2000)	Mortalidad infantil (1995-2000) (por mil)	Alfabetización (%)* (mayores de 15 años) varones	mujeres
Argentina	73,1	21,8	96,2	96,2
Bolivia	61,4	65,6	90,5	76
Chile	75,2	12,8	95,4	95
Colombia	70,7	30,0	91.2	91,4
Costa Rica	76,5	12,1	94,7	95
Cuba	76,0	9,0	96,2	95,3
Ecuador	69,9	45,6	92	88,2
El Salvador	69,4	32,0	73,5	69,8
Guatemala	64,2	46,0	62,5	48,6
Honduras	69,8	35,0	72,6	72,7
México	72,4	31,0	91,8	87,4
Nicaragua	68,2	43,4	64,6	66,6
Panamá	74,0	21,4	91,4	90,2
Paraguay	69,7	39,2	93,5	90,6
Perú	68,3	45,0	94,5	83
R. Dominicana	71,0	33,6	82	82,2
Uruguay	74,1	17,5	96,9	97,7
Venezuela	72,8	20,9	91,8	90,3

Fuente: Boletín demográfico de julio de 1999. Centro latinoamericano y caribeño de demografía
* Fuente: The Word Factbook 1999. Central Inteligence Agency (CIA)

Personas esperando en la acera para entrar en un Banco

o la *cultura* (museos, conciertos).
La grave crisis económica de los años setenta causó en Hispanoamérica un fuerte deterioro de estos servicios —principalmente de educación y salud—, los cuales, en la mayoría de los casos, dependían de los aportes de los Gobiernos nacionales. A pesar del crecimiento de sus economías a partir de 1990, el nivel de calidad ha seguido empeorando. En consecuencia, los procesos de reforma de algunos países se encuentran sometidos a fuertes presiones por la demanda insatisfecha de la población.
Entre los motivos que más significativamente han afectado las condiciones de vida y la situación de salud y educación de sus habitantes durante los últimos decenios, y que tal vez continuarán teniendo un impacto importante en los próximos años, se pueden destacar: las desigualdades sociales, los cambios en la estructura de edad de la población, el intenso proceso de urbanización, la variación en la composición de la fuerza laboral, la transformación del nivel educativo de las naciones — especialmente las mujeres—, y la nueva organización de los servicios públicos y el papel de los Gobiernos frente a ellos.

Sanidad

En Hispanoamérica, al igual que en el resto del continente, el Estado es el responsable principal de la prestación de los servicios sanitarios. La asistencia pública se financia, fundamentalmente, con ingresos procedentes de los impuestos y de las cotizaciones sociales. Se organiza a través de una serie de centros asistenciales que constituyen su red sanitaria y que se encargan de asegurar a todos los ciudadanos el derecho a la protección de la salud, la planificación de los recursos sanitarios y a su financiación. Sin embargo, en la mayoría de los países (en Cuba por ejemplo sólo existe sanidad pública) se complementa con un creciente sistema privado que cubre las graves deficiencias de un sector público incapaz de absorber las prestaciones necesarias de una población con grandes bolsas de pobreza sin medios económicos suficientes. Así, en los últimos años han aparecido diversas empresas de servicios médicos o aseguradoras, sociedades intermediarias que tratan directamente entre los usuarios y los proveedores. El caso más difundido de esta experiencia lo constituyen las Instituciones de Salud Provisional (ISAPRE) en Chile, creadas a mediados de la década de los ochenta.

Hispanoamérica se mueve en cifras entre aceptables y preocupantes en los grandes índices demográficos relacionados con la salud de sus habitantes.

Con respecto a la mortalidad infantil, Bolivia (65,6 x mil), Honduras (59,7), República Dominicana (56,5), Guatemala (46,0), Ecuador (45,6), Perú (45,0) o Nicaragua (43,4) quintuplican o más la tasa de los países desarrollados, y sólo Cuba (9,0), Costa Rica (12,1) y Chile (12,8) se acercan algo a ella.

En relación con la esperanza de vida, la mayoría se encuentra en un nivel medio aceptable, acercándose casi a baremos de naciones más avanzadas Costa Rica (76,5), Cuba (76,0), Chile (75,2) y en menor medida Uruguay (74,1), Panamá (74,0), Argentina (73,1), Venezuela (72,8) y México (72,4). En el lado opuesto están Bolivia (61,4), Guatemala (64,2), Nicaragua (68,2), Perú (68,3) y El Salvador (69,4).

Educación

El sistema educativo público en Hispanoamérica es una moderna conquista social que, sin embargo, tiene una desigual aplicación según los países, dependiendo de la situación económica de cada uno de ellos, lo que impide en ocasiones la escolarización de un número elevado de niños. Los índices de analfabetismo varían desde los muy buenos de Uruguay (2,7%), Argentina (3,8%), Cuba (4,25%) o Chile (4,8%) hasta los preocupantes de Bolivia (16,75%), República Dominicana (17,9%), Honduras (27,35%), El Salvador (28,35 %), Nicaragua (34,4%), o el insostenible —casi la mitad de la población— de Guatemala (44,45%).

Está condicionado en su extensión y aplicación, a los niveles (primarios, medios, secundarios, universitarios), a los diferentes grupos de edad y a la demanda social. Los centros de los dos primeros niveles educativos se dispersan en los barrios y forman parte esencial de sus equipamientos sociales. El universitario tiende a concentrarse (ciudades universitarias) y a servir a un espacio extraurbano.

Aunque todos los habitantes tienen derecho a una enseñanza pública y gratuita, también pueden escoger la privada, tradicionalmente ligada a la Iglesia Católica. A esta última acuden las clases medias y acomodadas, que

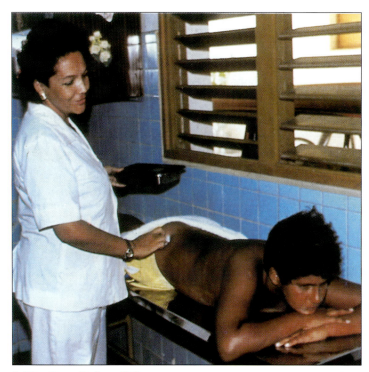
Asistencia sanitaria en Cuba

■ La sanidad en Hispanoamérica

	N.º de médicos*	N.º hab/med.	N.º hab/ camas hosp.	Gasto sanitario (% PNB)
Argentina (1988)	105.000	402	217	9,8
Bolivia (1990)	3.607	770	714	6,0
Chile 1989)	17.633	947	323	8,0
Colombia (1989)	33.489	862	1.250	7,3
Costa Rica (1991)	3.750	709	400	8,6
Cuba (1992)	54.000	189	167	9,0
Ecuador (1991)	12.853	590	625	5,1
El Salvador (1991)	2.483	960	667	6,8
Guatemala (1988)	4.500	1.072	909	4,2
Honduras (1992)	3.288	1.202	1.429	7,4
México (1991)	107.495	571	833	4,8
Nicaragua (1993)	2.886	1.351	885	9,2
Panamá (1992)	3.074	826	546	9,2
Paraguay (1992)	3.341	1.974	730	7,4
Perú (1992)	21.856	876	779	5,5
Rep. Dom. (1993)	7.000	464	1.000	5,3
Uruguay (1993)	11.241	270	222	10
Venezuela (1991)	40.492	413	435	7,6

(Fuente: Base de datos. Actualizada en septiembre de 1999. Organización Panamericana de la Salud)
* Anuario Iberoamericano 1997. Agencia EFE)

disponen de medios económicos, suficientes, quedando en general la pública para las clases más populares.

El primer ciclo, la enseñanza primaria, es gratuita y obligatoria en la mayoría de los países (hasta los 14 años aproximadamente), mientras que la secundaria sólo lo es en algunos, como Argentina y Uruguay. A pesar de ello, el grado de escolarización es en ocasiones insuficiente al existir un número elevado de niños sin tutela familiar que se ven obligados a emplear su tiempo y sus esfuerzos en sobrevivir.

La enseñanza superior se imparte en las universidades (públicas y privadas), muchas de las cuales se encuentran entre las más antiguas de América, como la de Santo Domingo, en la República Dominicana (fundada en 1538 —la primera del continente—), la de San Marcos de Lima, en Perú (1551), la de México, en el Distrito Federal (1553), la de Quito, en Ecuador (1586) o la de Cuzco, en Perú (1598).

En 1949 se crea la Oficina de Educación Iberoamericana (OEI), de la UNESCO, que se transformará en 1955 en organismo intergubernamental. Actualmente se denomina Organización de Estados Iberoamericanos para la Educación, La Ciencia y la Cultura.

13. Instituciones políticas y administrativas

Una vez consolidada su independencia de España en el primer tercio del siglo XIX, todos los países hispanoamericanos se articularon en torno al modelo de *república,* unitaria —la mayoría— o federal (Argentina, México, Venezuela), con una forma de gobierno basada en la *democracia representativa* (los ciudadanos eligen a sus gobernantes), que lamentablemente se ve alterada con frecuencia por golpes militares reaccionarios o movimientos revolucionarios.

Estos Gobiernos se rigen por una Constitución o Carta Magna —en su mayor parte renovadas en los últimos años—, en la que se establece con claridad el funcionamiento de los tres poderes del Estado: *legislativo, ejecutivo* y *judicial.*

Poder legislativo

El poder legislativo reside en los respectivos Congresos o Asambleas Nacionales, que se organizan en un sistema unicameral (Costa Rica, Ecuador, El Salvador, Guatemala, Honduras, Nicaragua, Panamá, Perú— desde la suspensión de la Constitución democrática en 1992—, y Cuba) o bicameral —la Cámara de Diputados y el Senado—. La Cámara de Diputados es de representación popular y realiza en la práctica funciones más importantes que el Senado, de delegación territorial (por Provincias, Estados o Departamentos).

Una excepción es Cuba, que se define como un Estado socialista en el que el partido comunista es la fuerza dirigente superior de la sociedad y de la nación. El poder legislativo y constituyente reside en la Asamblea Nacional, cuyos miembros son elegidos por las asambleas municipales del poder popular, y, a su vez, nombra a parte de ellos para integrar el Consejo de Estado. Su presidente es, al mismo tiempo, jefe del Estado y del Gobierno.

En Perú, Fujimori, con apoyo de las fuerzas armadas, decidió cerrar el Congreso bicameral, destituir a los componentes del poder judicial y a los de los organismos autónomos de control, y asumir todos los poderes al frente de un Gobierno que denominió de Emergencia y Reconstrucción Nacional, legalizado años después en las urnas.

Fachada del edificio del Senado, Bogotá (Colombia)

Las legislaturas tienen en general una duración de cuatro a seis años, aunque los Gobiernos pueden convocar elecciones antes. La renovación puede afectar a la totalidad o a parte de los diputados y senadores.

Poder ejecutivo

El poder ejecutivo lo ejerce el presidente de cada nación, normalmente elegido junto con el vicepresidente por voto (sufragio universal) directo cada cuatro o cinco años (en Chile hasta ocho) y con un máximo de dos períodos consecutivos. Sus principales funciones son formar un Gobierno, dirigir la política exterior e interior, gestionar la administración civil y militar, y encabezar la defensa del Estado —para lo cual es jefe máximo de todas las fuerzas armadas del país— (a excepción de Chile).
El presidente, el vicepresidente y los ministros reunidos en sesión constituyen el Consejo de Ministros, reunión deliberante en la que se toman las decisiones o disposiciones pertinentes.

Palacio presidencial de Lima

Poder judicial

La justicia es independiente y el órgano máximo del poder judicial es la Corte Suprema de Justicia de la que forman parte los magistrados nombrados por el ejecutivo, expresión de la soberanía del Estado. Se divide generalmente en cinco salas: negocios generales, civil, penal, laboral y constitucional. Sus miembros —de reconocido prestigio profesional— son nombrados por el presidente de la nación con acuerdo del Senado, al igual que los jueces de los tribunales federales inferiores que la ley establezca. Ninguna otra autoridad puede intervenir en la administración de justicia.

Administraciones

Algunos países están organizados en *Provincias* (Argentina, Costa Rica, Cuba, Ecuador, República Dominicana), *Estados* (México, Venezuela), *Regiones* (Chile) o *Departamentos* (Bolivia, Colombia, El Salvador, Guatemala, Honduras, Nicaragua, Paraguay, Perú, Uruguay), que disfrutan de completa autonomía y sus habitantes eligen libremente a sus dirigentes. Cuentan con un Gobierno, un poder legislativo y unos tribunales propios que establecen las competencias de dichas administraciones, aunque a nivel estatal están supeditados al Gobierno Central. El gobernador ejerce el poder ejecutivo, una Cámara de Diputados asume las funciones legislativas locales, y el Tribunal Superior de Justicia de cada Estado, el poder judicial. Desde el punto de vista internacional, las naciones hispanoamericanas forman parte de la Organización de Estados Americanos (OEA), constituida en 1948.

Cumbre de la Organización de los Estados Americanos

Organizaciones supranacionales

En el plano internacional, las naciones hispanoamericanas se integran en diversos organismos supranacionales. Casi todos ellos tienen objetivos económicos y se crearon para potenciar el desarrollo de los Estados miembros. El organismo más antiguo es la *Organización de Estados Americanos* (OEA), heredera de la Unión Panamericana, cuyo origen se remonta a 1889. Se fundó en 1948 con el propósito de fomentar la cooperación política y económica entre todas las naciones del continente americano. La *Comisión Económica para América Latina y el Caribe* (CEPALC), dependiente de la ONU, también data de 1948; está formada por 47 países y territorios, e intenta resolver los graves problemas económicos de Latinoamérica y el Caribe.

IX Cumbre de Jefes de Estado de Iberoamérica, La Habana (Cuba), 1999

Otros organismos

Algunos de carácter genérico son la Asociación Latinoamérica de Integración (ALADI) y el Sistema Económico Latinoamericano (SELA). La ALADI, nacida en 1960, tiene por objeto la creación de un Mercado Común Iberoamericano. El SELA está constituido por 27 miembros y data de 1975; representa a los Estados miembros en el Acuerdo

General sobre Aranceles y Comercio (GATT).
La Comunidad Andina de Naciones, creada en 1969, está formada por Bolivia, Colombia, Ecuador, Perú y Venezuela. Su propósito es la integración económica y política de las naciones andinas por medio del Mercado Común Andino y de un parlamento conjunto (el PARLANDINO). Los países centroamericanos tienen dos instituciones idénticas desde 1961: el Mercado Común Centroamericano (MCCA) y el PARLACEN o Parlamento Centroamericano. En cambio el Mercado Común del Sur (MERCOSUR), fundado por Argentina, Uruguay, Paraguay y Brasil en 1990, carece de representación política.

El presidente norteamericano Bill Clinton firma un acuerdo durante una reunión del GATT

El Grupo de los Once

Argentina, Uruguay y Brasil también forman parte del Grupo de Cartagena o Grupo de los Once (G11), un foro político fundado en 1984. Otras naciones del G11 son Bolivia, Chile, Colombia, Ecuador, México, Perú, la República Dominicana y Venezuela. Todas ellas están representadas en el principal órgano político latinoamericano: el Parlamento Latinoamericano (PARLACEN).

Mandatarios de los países del MERCOSUR durante una reunión

14. Gastronomía

Mujer vendiendo comida en un mercado nicaragüense

Cuando los españoles llegaron a América se encontraron con unos productos exóticos desconocidos para ellos con sabores, aromas y colores inimaginables, cotidianos para los indígenas pero muy diferentes de los que componían la cocina del Viejo Mundo. Por ello, en los primeros momentos de la colonización, indios y europeos desconfiaron mutuamente de los alimentos y de la manera de degustarlos. Con el tiempo fueron apreciando las cualidades de sus respectivas cocinas, introduciendo artículos y técnicas culinarias que conformarán la gastronomía moderna de ambas culturas.

La cocina precolombina —de raíces milenarias— se remonta a las llamadas *Culturas del Maíz*. En torno a éste, y complementado con otros ingredientes, se preparaban los más variados manjares que alcanzaban en ocasiones un carácter ritual como alimento sagrado, al constituir una de las habituales ofrendas a los dioses y a los muertos. En la actualidad queda muy poco de los productos prehispánicos, sólo algunos platos que se consumen incorporados a recetas llegadas de Europa o mestizadas. Hispanoamérica aportó al Viejo Mundo un gran número de alimentos que aparecen, aún hoy, como elementos básicos de su cocina más tradicional. Es el caso del tomate. Otros como la patata, el cacao o el maíz cambiaron el tipo de dieta de la población y aumentaron el consumo de vitaminas y proteínas.

La carne de vaca y de cordero fue contribución esencialmente hispana, que también dejó en el Nuevo Mundo el gusto por los sabores mediterráneos en forma de aceite, vino o queso. En un afán por reproducir la alimentación propia de su país los españoles establecieron durante los siglos XVI y XVII explotaciones agrícolas y ganaderas en las que cultivaron productos como el arroz, ajo, berenjena, cebolla, lechuga, zanahoria o trigo, y criaron animales como aves de corral (excepto el pavo, originario de Mesoamérica), vacas, cabras, ovejas y cerdos que se adaptaron muy bien a las tierras americanas. Con la introducción del horno para asar o cocer fue posible la elaboración de estos productos. La importación de esclavos trajo de África el ñame, el coco y la caña de azúcar.

La unión entre las dos cocinas dio lugar a la actual gastronomía hispanoamericana, exótica, variada y de intensos sabores, que suma las virtudes de la dieta vegetariana indígena y la riqueza de las proteínas de la comida española. Un ejemplo es el plato mexicano más celebrado, el *mole poblano,* que tiene su origen en los primeros momentos del contacto de ambos pueblos, cuando una monja de Puebla quiso impresionar a su obispo inventando una salsa con especias, chiles, tomate y chocolate.

La base de la cocina mexicana son el maíz y los frijoles. Con el maíz se realizan tortillas con las que se hacen los *antojitos* (quesadillas, tacos, enchiladas). Las salsas como el *mole* o el *guacamole* (hechas con aguacates) son el condimento esencial. Además, cuenta con sabrosas sopas, asados de carnes y pescados tan variados como sus regiones (del *huachinango* a la veracruzana a la *cochinita pibil* yucateca); los postres artesanales de tradición virreinal, como los *chongos zamoranos;* los panes de figuras caprichosas y graciosos nombres; bebidas como el *tequila* y el *mezcal* (extraídos del

Puesto de hortalizas y verduras en una ciudad de Guatemala

magüey), el chocolate (que desde México se extendió a toda América), el *pulque,* la cerveza y las aguas frescas de las más diversas frutas tropicales... La cocina mexicana es tan sabrosa y variopinta que conforma un panorama casi mágico de sabores, olores y colores.

La gastronomía caribeña se basa principalmente en tres productos: el maíz (del que se elabora pan y bebidas como la *chicha*), la yuca (tubérculo a partir del cual se confecciona el pan *casabe* y licores) y el condimento primordial, el ají o chile. Se consumen también productos de la recolección marina (cangrejos de mar, mejillones, ostras), de la pesca (jurel, lisa, camarones, langosta, mero) y de la caza (venado, iguana y chigüire) preparados en sopas y asados, batatas, fríjoles y frutas propias del lugar (aguacate, piña). El ron de caña ha dado fama a esta parte del mundo y se toma solo (trago) o combinado (daiquiri, mojito).

En Costa Rica el plato nacional es el *gallo pinto* (fríjoles y arroz revuelto) y en Navidad o en bodas es tradicional el tamal (pan de maíz con vegetales y carne envuelto en hoja de plátano y cocido). Cuba presenta especialidades de origen español como la *paella,* el *lechón asado* o el *caldo gallego.* En El Salvador comen el *gallo de chicha,* mezcla de inspiración hispana e indígena. La gastronomía en Guatemala se basa en verduras y frutas de gran variedad y calidad. En Honduras destaca el *nacatamal* (puré de maíz y un relleno de tocino de cerdo, arroz, pasas, alcaparras, garbanzos y patatas cubierto por hojas de plátano, todo cocido). Los nicaragüenses cocinan carne de cerdo o res con fríjoles negros y arroz, pescados y mariscos, y beben el *pinolio* o *tiste* (se extrae del cacao y del maíz). En Panamá, pescados (en lengua indígena significa abundancia de peces), en particular el *ceviche de corvina,* preparado con cebollas, pimienta y jugo de limón. La República Dominicana tiene fama por el *sancocho* (carne de ave y cerdo hervida con especias). En Venezuela es típico el *pabellón criollo* (carne picada, arroz, fríjoles negros y plátano frito).

La cocina de la región andina se fundamenta en

Sabrosos platos de tradición prehispánica

Mujer comprando cereales en un mercado boliviano

la patata (papa en quechua), originaria de esta zona. En Bolivia se consume la yuca y el arroz, sobre todo en el área oriental del país. El *plato paceño,* característico de la capital, se compone de mazorcas hervidas con habas y queso y carne frita. La comida tradicional de Bogotá (Colombia) es el *apíaco* (sopa de pollo, patatas, crema de leche, aguacate y alcaparras). En Ecuador toman el *llapingacho,* a base de patatas y queso, y beben cerveza de calidad. En Perú es famoso el *ceviche* (pescado con limón, ají, maíz, patata y cebolla) de ascendencia inca, además de los platos de carnes y el *yacuchupe* (sopa verde). Es típico el aguardiente *pisco-sour* y popular la *chicha* (elaborada a partir del maíz), aunque cuenta con buenas cervezas y zumos.

La gastronomía de los países del Cono Sur es esencialmente carnívora. El asado es uno de los raros testimonios vivos de la cocina precolombina, y aún hoy es plato nacional en Argentina y Uruguay. Se consumían entonces guanacos, caballos, ñandúes y avestruces, en especial sus vísceras (hígado, pulmones y riñones). Los europeos importaron el ganado vacuno y ovino, que los indígenas incorporaron con rapidez a su dieta. Era tal la dedicación a la ganadería que un cronista escribió que «ni cazan, ni pescan, ni siembran, ni aran...». La bebida típica es el *mate* (infusión de hierba). En Argentina se asan o cuecen toda clase de carnes (asado criollo, parrillada, puchero, bife). Tienen interés los vinos argentinos y chilenos que responden en general a tradiciones europeas. En Paraguay comen carnes guisadas y beben además del *mate,* la *caña o mosto* (licor de caña de azúcar) y el *tereré* (mate frío con hierbas digestivas). En Uruguay se toma la *grappa* (aguardiente de origen italiano). En Chile son famosas las *humitas* (masa de harina de maíz cocida o asada, aliñada con grasa) y los mariscos.

Los ingredientes aportan a la cocina hispanoamericana una gran riqueza de olores, sabores y colores

15. Artesanía

La artesanía hispanoamericana se remonta a la época precolombina y durante el período colonial se enriqueció con nuevas técnicas, materiales y formas que la dotaron de una gran diversidad y originalidad. El marco tradicional en el que se ha desarrollado gira alrededor de los mercados populares asentados en las plazas de todos los pueblos y ciudades, verdaderos centros de intercambio de estos productos que aún hoy mantienen el sabor y color de aquellos tiempos y que constituyen un inmenso atractivo para el turista.

Su importancia se basa en el gran número de etnias prehispánicas que han poblado estas tierras y en que ellas mismas favorecieron el arte popular al estar poco mecanizadas, ya que no habían descubierto plenamente ni el hierro

(metal más característico de las herramientas) ni el uso de la rueda (principio de la mayoría de las máquinas).

Destacan los artículos *textiles* (huipiles, ponchos, tapices, rebozos, mantas, sarapes) en toda Hispanoamérica; *cerámica* en América Central y área andina; *cestería* (sombreros, esteras, cestos) en Bolivia, Ecuador, Guatemala, Honduras y Colombia; *lacas* y *amates* en México; *máscaras* (laqueadas, de madera, cartón o papel) y *juguetes* en Argentina, Bolivia, Guatemala y Perú; *objetos* de *madera* (instrumentos musicales, carretas, muebles, imaginería) en Costa Rica, México, Guatemala y Colombia; de *papel maché* en México y Perú; de *metal* (joyería, marcos, en plata, cobre, oro, hierro y hojalata) en Chile, Argentina, Bolivia, Colombia y México; *adornos de piedras preciosas o semipreciosas* como ágata, obsidiana, ónice, ámbar, jade, turquesa, lapislázuli y amatista en Uruguay, Chile y Rep. Dominicana; *ropas y muebles de cuero, ante y piel*, de vaca y oveja en Argentina; *objetos y calzado* de reptil en Colombia; *abrigos* de nutria y lobo marino en Uruguay; y *vidrio* (vajillas, artículos de decoración) en México.

Cerámica de inspiración española, Puebla (México)

Tejidos

Son, junto con la cerámica, la artesanía más importante de Hispanoamérica. La variedad de sus formas y materias primas, la técnica complicada y experta, la gran calidad de diseño de sus motivos decorativos y la armonía en la combinación de los colores vivos e intensos, representan las características propias de muchos pueblos indígenas.

En la actualidad casi no se utilizan ya colorantes naturales como el añil y los modernos hilos han sustituido a las fibras vegetales. Por contra, el primitivo telar manual de palitos, de cintura o *mecapal,* se mantiene en pleno uso para la elaboración de los *huipiles* (blusa de las indias). La influencia hispana aporta el telar de pie (principalmente en los refajos), la rueca, la tijera, algunas técnicas de bordado y la costura.

Los pueblos indígenas siguen tejiendo a mano como sus antepasados

Los países de mayor tradición textil son México y Guatemala, con sus *huipiles, sarapes* (manta de colores vivos), manteles, *tilmas* (manta que se lleva al hombro), rebozos, *tzutes* (telas unidas usadas como tocados) y *ponchos.* También hay que destacar en El Salvador las colchas y las telas de «naguilla» para la falda; en Ecuador el *poncho,* la faja o *chumpi* y las *macanas* (rebozos); en Perú las *chuspas* (bolsas para la coca), *ponchos* y jerseys de alpaca y *chullos* (gorro con orejeras); en Bolivia el *ajsu* (falda), *chullos, llijllas* (manta pequeña), *chuspas* y ponchos; en Paraguay el «ñandutí» y el *ahopui* (encajes sobre tela); en Panamá los montunos (camisas de caballero); en Nicaragua las *cotonas* de algodón; en Cuba las *guayaberas;* y en Chile los *ponchos* y tejidos de vicuña.

Cerámica

Su importancia deriva de dos focos culturales perfectamente contrastados, el indígena precolombino y el introducido por los españoles a partir del siglo XVI. El primero —que sobrevive con ligeras variantes—, se apoya en métodos tradicionales como la elaboración a mano, la aplicación de una sola cocción y el acabado a base de bruñido o engobe. El segundo, en técnicas nuevas como el torno mecánico o rueda de alfarero y la doble cocción al horno en un proceso de vidriado a base de plomo, antimonio o estaño. Se fabrican objetos de uso común en una casa:

Bella cerámica de barro decorada

Chichicastenango (Guatemala), mercado típico de artesanías

platos, cuencos, etc., con una amplia gama de formas y motivos decorativos. Existe, además, un mercado de piezas ornamentales destinadas al consumo turístico. Destaca entre todos los países México, con la cerámica talaverana de Puebla, de clara influencia española; la de Tonalá, bruñida y repleta de animales fantásticos orientales; la de Oaxaca con sus ollas negras y brillantes de aspecto metálico, y la llamada «árbol de la vida» de Metepec. En Guatemala sobresalen el centro de tradición indígena de Santa Cruz Chinautla (de barro rojo y blanco) y los de origen hispano como Antigua Guatemala y San Miguel Tonicapán. En Honduras son famosos los vasos de alabastro del valle de Ulúa y los cántaros con formas de animales de Ojojona. La región de Ráquira en Colombia ha sido desde antiguo un centro de considerable interés. En Perú, encontramos expresiones artísticas tan variadas como las iglesias de barro pintado de Ayacucho o las vasijas decoradas con motivos geométricos de los indios *shipibo* del Amazonas.

Tapiz de Paraguay tipo pintura «näif»

Broches de oro que reproducen modelos antiguos

La vida de los mercados atrae la atención de los turistas

Cestería

La cestería se realiza mediante el entrelazado de fibras vegetales (cañas, varas o carrizos, bambú, palma, mimbre, sibaque, tul, junco) con las que se confeccionan cestos o canastos para transportar y almacenar alimentos, esteras, sombreros, bolsas y papeleras.

Está extendida por todo el continente, aunque hay que citar los canastos y *petates* (que acompañan al indio en todo su ciclo vital) en Guatemala; las papeleras de *tule* —especie de junco— en El Salvador; los sombreros elaborados con planta de bellota en Panamá, y con paja toquilla (llamados popularmente Panamá) en Colombia y Ecuador; las balsas de totora (planta que crece en lugares húmedos) en el lago Titicaca en Bolivia; y los cestos, sillas y lámparas de mimbre en Chile.

Los habitantes del lago Titicaca siguen utilizando hoy día las balsas de totora para sus desplazamientos

16. Fiestas y folclore

Hispanoamérica encuentra en sus manifestaciones populares el reflejo más fiel del profundo mestizaje cultural producido en los últimos 500 años, en una singular mezcla que hoy en día constituye una de las mayores riquezas y atractivo del continente.

Son numerosas las fiestas religiosas en las que pueblos profundamente católicos incorporan creencias prehispánicas de forma tan espontánea que hasta han olvidado su primitivo origen. Quizá, en este sentido, la celebración más significativa sea la del *Día de Muertos* en México. Este día las familias levantan en sus viviendas altares con flores, adornos de papel recortado, velas e innumerables alimentos destinados a unos difuntos que parecen más vinculados a costumbres paganas que cristianas. Además, como parte del rito, es habitual regalar a los vivos calaveras o esqueletos con su propio nombre y poemas satíricos que contribuyen a festejar con humor la inevitable muerte. Son impresionantes las procesiones en lanchas a la isla de Janitzio (Michoacán) en una fiesta llena de música y animación.

También son curiosas las interpretaciones que hacen los indígenas (San Juan Chamula y Zinacantán en México o Chichicastenango en Guatemala, que, entre cientos de velas, ofrendas culinarias (son frecuentes los huevos, panes y «coca-colas») y colgaduras de telas de colores, imploran o reclaman peticiones incumplidas ante una multitud de imágenes de santos católicos, llenos de espejos en los que creen se refleja su alma. Una atmósfera de incienso quemado en pequeños *comales* completa el mágico escenario.

Los voladores de Papantla (Veracruz, México)

Procesión en un pueblo de Guatemala

descienden colgados de una cuerda del *palo volador* en una ceremonia precolombina de culto al Sol. Mientras giran, en lo alto, uno de ellos toca una flauta.

Los españoles aportaron las *procesiones de Semana Santa* cuya tradición ha pervivido con especial relevancia en Guatemala. En la ciudad de Antigua espléndidas Vírgenes y Cristos crucificados salen a sus calles a hombros de encapuchados que visten túnicas con una gran gama de morados de fuerte sabor popular. Otras procesiones importantes son las de Quito, Lima y México D.F. Asociados al mismo calendario litúrgico cristiano están los *carnavales,* en los que destaca la espectacular puesta en escena y el colorido de los de Montevideo (Uruguay), Barranquilla (Colombia), Cuba, Panamá, Ecuador o Veracruz (México).

La fiesta nacional de cada país suele coincidir con la conmemoración de su independencia y está siempre acompañada de fuegos de pólvora, discursos, música y bailes. También de influencia hispana son algunos juegos tradicionales como las *peleas de gallos* (típicas en los palenques mexicanos) o las *corridas de toros* que cada día ganan más aficionados y cuentan con primeras figuras del toreo. Destaca la plaza de toros de México por ser la más grande del mundo.

En aquellas zonas en que fue más intensa la presencia de esclavos negros durante la colonia, han pervivido numerosas huellas africanas. Desde rituales de *magia vudú* en Cuba o República Dominicana a ritmos y bailes que han adquirido fama internacional. Su presencia es incuestionable en la llamada *música tropical* como la cumbia, el merengue, la salsa, o el calipso que encuentran desde México a Venezuela sus más fieles seguidores.

En otros casos predomina lo hispánico en armonías y danzas como los valses norteños y el mariachi de Jalisco en México. Pero, sobre todo, destaca el marcado carácter mestizo de las innumerables demostraciones folclóricas que tienen lugar en los grandes festivales y en las más pequeñas reuniones populares. Dentro de esta variedad musical cabe citar la alegría de la marimba y los sones huastecos y veracruzanos en México, el toro venado y los mantudos en Nicaragua; la mejorana

Mujer joven en una ofrenda floral de Costa Rica

panameña; el tono llanero y el joropo costero en Venezuela; los valses en Perú; el pericón y payada de contrapunto en Uruguay; las polkas y guaranias en Paraguay; y el tango en Argentina. Marimbas, maracas, arpas llaneras, guitarrones, requintos o bandoneones son algunos de los instrumentos más originales que acompañan las diferentes melodías.

La música indígena de comunidades amazónicas se basa en la percusión de tambores, o el aire de caracolas y flautas. Estas últimas, en modalidades muy complejas —flauta de pan— son de tradición prehispánica y propias de los Andes.

Danzante con un traje de guerrero prehispánico

17. Deportes y ocio

Fútbol

Es el deporte rey en Hispanoamérica, arrastrando a un público que llena los estadios todas las semanas. Selecciones como Uruguay (campeona del mundo en 1930 y 1950), Argentina (campeona del mundo en 1978 y 1986), Colombia, Chile, México, Paraguay y Perú reúnen un sentimiento nacional que pocos espectáculos pueden lograr. Jugadores como el uruguayo Francescoli, el mexicano Hugo Sánchez, el chileno Zamorano y el argentino Maradona, son estrellas del fútbol que han ganado numerosos campeonatos americanos y mundiales y cuyas figuras van más allá del terreno deportivo, convirtiéndose en ocasiones en auténticos ídolos. Muchos fichan por equipos europeos, principalmente españoles e italianos, atraídos por contratos multimillonarios.

Diego Armando Maradona

Hockey sobre patines

De gran tradición en países como Argentina (campeona del mundo en 1974), Chile y Uruguay, sus selecciones se clasifican siempre entre las mejores del mundo, en rivalidad directa con Portugal y España, que acaparan el mayor número de títulos. Muchos jugadores están encuadrados en equipos europeos.

Boxeo

Muy arraigado en algunas naciones, bien como deporte profesional (el continente ha dado grandes campeones mundiales entre los que destacan el mexicano Chávez, el nicaragüense Argüello, el argentino Monzón, el dominicano Quiroz, o el panameño Durán), bien como aficionado —Cuba, Guatemala—, en el que siempre se consiguen numerosas medallas en competiciones internacionales (Juegos Panamericanos, Juegos Olímpicos).

Tenis

Aunque el tenis no es un deporte de masas en Hispanoamérica, en el pasado surgieron grandes figuras como los argentinos Guillermo Vilas y José Luis Clerc, el paraguayo Víctor Pecci, el chileno Hans Gildemeister y el ecuatoriano Andrés Gómez. En la actualidad destaca sobre todos la argentina Gabriela Sabatini, vencedora de innumerables torneos y desde hace varios años clasificada entre las diez primeras del ranking mundial.

Gabriela Sabatini

Automovilismo

Existe gran tradición desde que en los años cincuenta el argentino Juan Manuel Fangio

—recientemente fallecido— se proclamase pentacampeón del mundo (años 1951, y 1954 a 57) de Fórmula I, la categoría reina del automovilismo. Tras su estela aparecieron otros pilotos como los argentinos Carlos Reutemann y Carlos Pace, el mexicano Pedro Rodríguez o el colombiano Roberto Guerrero. En la actualidad hay un grupo de jóvenes corredores profesionales de gran futuro.

Corredor de Fórmula I

Ciclismo

Es el deporte nacional en Colombia, en donde se ha celebrado recientemente (1995) el campeonato del mundo de la especialidad. Corredores de este país como Martín Ramírez, Fabio Parra, Néstor Mora y sobre todo Lucho Herrera (mejor escalador del mundo en 1984), el mexicano Raúl Alcalá y el venezolano Leonardo Sierra han logrado grandes victorias, en especial desde su inclusión en equipos europeos, principalmente españoles.

Béisbol

Se extendió desde Norteamérica a América Central y del Sur, y hoy en día es el principal deporte en Cuba y la República Dominicana, y existen ligas importantes —se juegan la liga Nacional desde 1876 y la liga Americana desde 1901— en Colombia, Venezuela, Nicaragua, Panamá y México. Muchos jugadores compiten en la liga profesional de Estados Unidos atraídos por la fama y por los contratos millonarios.

Atletismo

Cuba ha sido desde hace años una fuente inagotable de grandes atletas que han destacado en todas las competiciones internacionales como los Juegos Panamericanos e incluso las Olimpiadas. Cabe mencionar en el pasado a Alberto Juantorena, campeón olímpico de 400 y 800 metros lisos, y más recientemente a Javier Sotomayor, recordman mundial de salto de altura (2,45 metros conseguido en Salamanca en 1993) o Iván Pedroso (recordman mundial de triple salto). También México es líder en la especialidad de marcha con Raúl González (recordman mundial de 50 km en 1979) y Ernesto Canto, y en distancias largas con Arturo Barrios (mejor marca mundial de 20 km lisos).

Javier Sotomayor

Ciclismo en Colombia, deporte popular

18. Arte, Letras, Ciencia y Pensamiento. Siglo XX

A partir de la Revolución Mexicana iniciada en 1910, Hispanoamérica comenzó a recuperar su identidad artística mediante un movimiento de renovación cultural en el que la vuelta a las raíces y valores prehispánicos formará parte sustancial de su desarrollo.

Pintura

El muralismo, llevado a su apogeo por los méxicanos Diego Rivera, José Clemente Orozco y David Alfaro Siqueiros en las décadas de los años 20 y 30, mostró al mundo la faz creadora más original de la pintura hispanoamericana que adquirió desde entonces categoría universal. Los artistas constituyeron sus escuelas «indigenistas», sobre todo en las repúblicas andinas y centroamericanas, donde existían fuertes tradiciones populares, como es el caso del ecuatoriano Oswaldo Guayasamín o del guatemalteco Carlos Mérida.

Otros pintores se incorporaron a las corrientes internacionales o lograron expresiones propias. Esta reacción viene encarnada en México por el estilo personal de Rufino Tamayo y por el

Impresionante obra del muralista David Alfaro Siqueiros

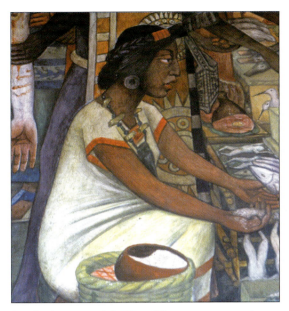

Detalle de un mural de Diego Rivera que representa una escena de la vida cotidiana en un mercado

surrealismo intimista de Frida Kahlo. En Colombia hay un dualismo entre lo figurativo de Fernando Botero y el purismo de Omar Rayo. Chile se ha singularizado por el tratamiento de enormes espacios y por el desarrollo relativo del superrealismo de Roberto Matta.
En Uruguay destaca la fuerza de Torres García y en Cuba, la abstracción de Wifredo Lam.

Escultura

La escultura ha vivido idénticas influencias que la pintura, aunque no ha llegado a la altura de aquélla. Coexisten el moderno estilo figurativo de Fernando Botero y del peruano Joaquín Roca Rey y una tendencia cada vez mayor (en especial a partir de 1940) hacia el arte abstracto, en el que se encuadran los colombianos Edgar Negret y Eduardo Ramírez Villamizar. La boliviana Marina Núñez del Prado refleja en sus obras la fuerza impresionante del paisaje andino. En Uruguay se define la personalidad de Gonzalo Fonseca, constructor de viviendas de piedras irreales.

En los últimos tiempos la escultura hispanoamericana ha intentado reinterpretar las formas precolombinas con un lenguaje nuevo. Incluso se ha utilizado para realzar algunas de las muestras de la arquitectura del continente. En Ciudad de México se pueden encontrar ejemplos visibles de esta «integración de las artes plásticas».

Fernando Botero con una de sus esculturas al fondo

Arquitectura

Después de la visita de Le Corbusier a América en 1929, un grupo de arquitectos de vanguardia se preocupó por expresar los rasgos más característicos de sus respectivas culturas. Frente a la línea funcionalista de O´Gorman y Barragán, el interés por el nacionalismo dotará de un sabor especial a la moderna arquitectura que culminará hacia 1950 en las más originales creaciones, como la Ciudad Universitaria de México, de Mario Pani y

Enrique del Moral. No sólo algunas formas reproducían los edificios prehispánicos, sino que, por primera vez, la obra de muralistas (Siqueiros, O´Gorman, Eppens) con su temática indígena se aplicaba a la decoración exterior. Félix Candela representa una corriente distinta caracterizada por el sentido de la estructura en el que predomina el «cascarón» de hormigón (iglesia de Santa Mónica en Ciudad de México).

Las tendencias nacionalistas fueron imitadas en otros países. En Venezuela Carlos Raúl Villanueva utilizó de manera osada el hormigón armado en El Silencio, en Caracas (primer proyecto público de viviendas de bajo coste de Hispanoamérica) y en la ciudad Universitaria (Estadio y Piscina Olímpica). En Colombia destaca en su puro valor espacial Rogelio Salmona por el conjunto El Parque. El chileno Emilio Duhart realizó obras de interés como el edificio de Naciones Unidas (Santiago). En Argentina, la construcción más original es el Banco de Londres y América del Sur (Buenos Aires), de Clorindo Testa. Le Corbusier diseñó una residencia, la casa Curuchet, en Mar de Plata.

Cine

Ha tenido siempre graves problemas por la ausencia de medios económicos para llevar a cabo los proyectos cinematográficos y por la enorme competencia de otras industrias como la europea y sobre todo la norteamericana. El cine del pasado, en el que destacó la época de oro del cine mexicano de los 50 y 60, con los actores «Cantinflas», María Félix, Pedro Armendáriz, Indio Fernández y el director español Luis Buñuel, ha dado paso en los últimos años a otro de mayor calidad con realizadores como los argentinos Adolfo Aristaráin y Jorge Subiela («Un lugar en el mundo»); el colombiano Sergio Cabrera («La estrategia del caracol»); el cubano Tomás Gutiérrez Alea («Fresas y chocolate» y «Guantanamera»); el peruano Francisco Lombardi («Caídos del cielo»); o lo mexicanos María Novaro («Danzón»), Alfonso Arau («Como agua para chocolate» y «Paseando por las nubes»); y Robert Rodríguez («Mariachi» y «Desperados»), que han cosechado importantes premios en festivales internacionales (Montreal, Cannes) e, incluso, han recalado en Hollywood introduciéndose en el potente mercado de Estados Unidos.

Música

Existen en Hispanoamérica orquestas, coros y ballets nacionales de gran tradición y actividad. Numerosos países cuentan con una orquesta Sinfónica o Filarmónica y algunos con compañías de Ópera. El Ballet Nacional de Cuba, con bailarines tan relevantes como su fundadora Alicia Alonso, es uno de los mejores del mundo. Cuba es la patria de dos de los

Mario Moreno, «Cantinflas»

compositores hispanoamericanos de música culta más conocidos: Alberto Lecuona y Leo Brouwer. Ambos se insertan dentro de la corriente nacionalista, a la que también pertenecen los mexicanos Carlos Chávez, Silvestre Revueltas y José Pablo Moncayo. Otros destacados autores son el venezolano Vicente Emilio Sojo, famoso por sus obras de tema religioso, y el argentino Piazzola. Mención aparte merece el también argentino Alberto Ginastera, cuya ópera *Bomarzo* es el mejor ejemplo del neoclasicismo americano. Con respecto a intérpretes de música clásica, el pianista chileno Claudio Arrau es una figura mundial.

Claudio Arrau

Gabriel García Márquez

Lengua y literatura

Los años sesenta conocieron un éxito sin precedentes de la novela hispanoamericana. Gabriel García Márquez (Premio Nobel 1982), Carlos Fuentes (Premio Cervantes (1987), Julio Cortázar y Mario Vargas Llosa (Premio Cervantes 1994) fueron sus protagonistas indiscutidos, mientras que otros, como Guillermo Cabrera Infante, Mario Benedetti, Adolfo Bioy Casares (Premio Cervantes 1990) o José Donoso eran incluidos o excluidos según las opiniones. Su impacto permitió que los lectores pudieran descubrir una riqueza inagotable que tenía que ver con los relatos fantásticos de Jorge Luis Borges (Premio Cervantes 1979); los análisis de la condición humana de Juan Carlos Onetti o Ernesto Sábato (Premio Cervantes 1984); la superación de la crónica de la Revolución que en México habían aportado Agustín Yáñez o Juan Rulfo; el descubrimiento de la realidad maravillosa o de la historia mítica de América por Miguel Ángel Asturias (Premio Nobel 1967), Alejo Carpentier (Premio Cervantes 1977), Manuel Mújica Lainez o Arturo Uslar Pietri; o el nuevo indigenismo que había revelado José María Arguedas, por citar sólo algunas de las orientaciones y de los escritores más destacados.

En la narrativa, además de la novela adquirió relieve el cuento, y su difusión facilitó la promoción de los jóvenes que se iniciaban entonces, como Manuel Puig, Alfredo Bryce

Mario Vargas Llosa durante una conferencia de prensa

Jorge Luis Borges

Echenique e Isabel Allende, los que irrumpían tardíamente en la novela, como José Lezama Lima, que hasta entonces habían pasado casi desapercibidos, como Augusto Roa Bastos (Premio Cervantes 1989). La poesía ofrece unos resultados no menos excepcionales. Vicente Huidobro, César Vallejo, Ernesto Cardenal, Salvador Novo, Alfonso Reyes, Jorge Luis Borges, Pablo Neruda (Premio Nobel 1971), Nicolás Guillén, Octavio Paz (Premio Nobel 1990) o Nicanor Parra son apenas algunos nombres destacados entre el innumerable número de poetas surgidos desde que Rubén Darío marcara el rumbo de la literatura hispanoamericana.

Isabel Allende

La poesía ha sido el género predilecto de las escritoras hispanoamericanas. Entre las poetisas más notables descuellan Alfonsina Storni, Juana Fernández (Juana de Ibarbourou) y Dulce María Loynaz (Premio Cervantes 1993). También existen notables cuentistas, como Isabel Allende y Silvina Ocampo, y excelentes ensayistas, como Victoria Ocampo.

Octavio Paz

Artes escénicas y teatro

El teatro hispanoamericano se caracteriza por su marcado compromiso con la realidad social. De aquí el interés por los temas humanos: la libertad, la incomunicación, la alienación, etc., siempre planteados desde la particular perspectiva de los hombres y mujeres hispanoamericanos.
La lista de grupos teatrales hispanoamericanos es muy larga. Al afamado Teatro experimental de Cali (TEC), de Colombia, hay que añadir los nombres de las compañías Teatro Imagen (Chile), Teatro Escambray (Cuba), Contigo América (Uruguay), Rajatabla y Nuevo Grupo (Venezuela). No menos extensa es la nómina de dramaturgos. En el Cono Sur destacan los argentinos Griselda Gambaro y Eduardo Pavlovski, el chileno Egon Wolf y el uruguayo Víctor Manuel Leites. En Cuba sobresale José

Triana, cuyos textos se caracterizan por una sabia mezcla de pasión e ironía; rasgos que también están presentes en la producción del colombiano Enrique Buenaventura y del venezolano Isaac Chocrón. Mucho más sutil y rica en matices es la obra de Rodolfo Usigli, el principal autor teatral mexicano junto con Salvador Novo.

Ciencia y pensamiento

En Hispanoamérica, la ciencia se ha desarrollado en condiciones muy adversas. Por un lado, la ausencia de medios económicos ha generado lo que se llama «fuga de cerebros». Por el otro, las dictaduras militares han ejercido un fuerte control sobre las actividades científicas, llegando incluso a prohibir aquellas ciencias que les parecían subversivas. A pesar de ello, la contribución hispanoamericana a la ciencia es muy importante y digna de mencionar.

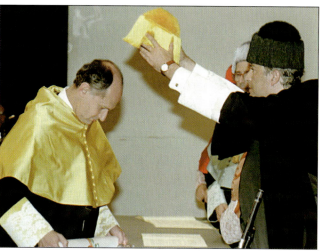

Manuel Elkin Patarroyo, investido doctor honoris causa por una universidad española

Ciencias

Tradicionalmente, las ciencias biomédicas han sido el campo favorito de los científicos hispanoamericanos. Entre otros, destacan los nombres de los argentinos Bernardo Houssay y Luis Federico Leloir, que ganaron el Premio Nobel de Química en 1947 y 1970 por sus contribuciones bioquímicas; o el del colombiano Manuel Elkin Patarroyo (Premio Príncipe de Asturias de Investigación Científica y Técnica de 1994), creador de una vacuna sintética contra la malaria, la primera de la historia.

Una línea de investigación más comprometida con la realidad social es la personificada por el guatemalteco Ricardo Bresani, cuyo estudio sobre la nutrición en la América Central le valió el Premio Mundial de Ciencias Albert Einstein en 1983.

Ciencias sociales

La contribución de Hispanoamérica a las ciencias sociales es mucho más notable. Así, por ejemplo, el venezolano de origen chileno Pedro Cunill renovó el análisis de la geografía hispanoamericana; y el argentino Marcos Kaplan la sociología con sus novedosos estudios sobre el narcotráfico.

La psicología también ha gozado de mucha aceptación en Hispanoamérica. El país donde ha tenido más implantación es Argentina, con figuras de la talla de Arnaldo Rascovsky, David Liberman, Arminda Aberastury o Enrique Pichon-Rivière. También se ha desarrollado en otros países como Chile, México y Venezuela. En antropología, una disciplina de enorme importancia en los países hispanoamericanos, donde la norma es la pluralidad étnica y cultural, sobresalen el mexicano Alfonso Caso, el colombiano Hernán Henao Delgado y el peruano José María Arguedas, que sentaron las bases de la moderna antropología hispanoamericana.

Mitin político en Panamá

19. Población y urbanismo

La población hispanoamericana se caracteriza por tener unas tasas de mortalidad bajas y un índice de natalidad alto. Estas características han originado un crecimiento demográfico muy rápido. En 1998 vivían en Hispanoamérica 296,8 millones de personas; dos años después, en el 2000, la cifra ronda los 330 millones; y alcanzará los 443,5 millones en el 2025. Entre 1930 y el 2050, Hispanoamérica habrá multiplicado por seis su población.
A partir de los años sesenta del siglo XX, el número de nacimientos comenzó a descender, pero de una forma muy lenta. Los demógrafos afirman que Hispanoamérica no tendrá un sistema demográfico moderno (baja natalidad y baja mortalidad) hasta el año 2100. Este cambio demográfico no se produce de la misma manera en todos los países. Acaba de comenzar en Bolivia y está a punto de terminar en Argentina, Chile, Cuba y Uruguay. Los restantes países se sitúan en diferentes fases, aunque todos tienen en común que su población es muy joven: el 45% de las personas tiene menos de quince años en muchos de ellos.

Un continente en movimiento

Las migraciones, es decir, los movimientos de población provocados por razones políticas (exilio) o económicas (emigración), son muy importantes en Hispanoamérica. Hasta la primera mitad del XX, Hispanoamérica estaba muy poco poblada y millones de personas emigraron a ella; a partir de los años sesenta del siglo XX, este movimiento se invirtió: fueron los habitantes de los países hispanoamericanos los que tuvieron que marcharse a vivir a otras naciones.

La emigración produce focos de pobreza en los extrarradios de las ciudades

Estados Unidos es el país con mayor número de emigrantes hispanoamericanos. Los emigrantes proceden, fundamentalmente, de

Emigrantes clandestinos mexicanos atravesando el Río Grande, en la frontera entre México y EEUU

Los haitianos emigran a la República Dominicana para mejorar su nivel de vida

Paseo en una céntrica calle de Quito (Ecuador)

México (7.017.000), la República Dominicana (632.000) y El Salvador (607.000). Su situación es muy precaria; sobre todo, si residen en el país de forma ilegal. Un caso distinto lo constituyen los cubanos (913.000 personas), a los que se considera refugiados políticos, aunque habría que diferenciar entre los exiliados políticos auténticos y los «balseros», gentes que abandonan Cuba por razones económicas.

España es otro polo de atracción para los hispanoamericanos, especialmente para las gentes de Perú, Ecuador y República Dominicana. Este último país tiene un régimen migratorio muy interesante porque es a la vez receptor y emisor de emigración. Los dominicanos emigran a naciones más desarrolladas para mejorar su nivel de vida, pero los habitantes de la vecina Haití se instalan en la República Dominicana por las mismas razones. Igual ocurre en México respecto a Guatemala y Estados Unidos.

Un mundo urbano

Las migraciones internas (la emigración de la población rural a las ciudades) han sido mucho más importantes por las graves consecuencias urbanas que ha tenido. Las ciudades hispanoamericanas son muy diferentes unas de otras. Buenos Aires, San José y La Paz son tan distintas de Ciudad de México, Caracas y Quito como Santiago de Chile, Asunción y Panamá lo son de Lima, Bogotá y Managua; o Guatemala, Montevideo y La Habana de San Salvador, Santo Domingo y Tegucigalpa. Sin embargo, todas ellas tienen en común que son ciudades gigantes, tanto en extensión como en población.

Este crecimiento, fruto del boom demográfico, ha dado origen a una sociedad urbana (dos de cada tres iberoamericanos viven en ciudades), cuyo mejor ejemplo sería Ciudad de México, la capital de la República Mexicana. Esta urbe, que ya tenía más de 300.000 habitantes en la

Ciudad de México, lugar de encuentro de todas las razas y culturas

El auto es absolutamente imprescindible en una ciudad con las características de México D. F.

época azteca, duplicó su población entre 1970 y 1985 (pasó de 7 a 14 millones de habitantes) y se calcula que en el año 2000 ronda la cifra de 30 millones, lo que la convierte en una de las primeras ciudades del planeta. La concentración urbana genera situaciones muy conflictivas y problemáticas. Así, a la degradación de los bellos cascos urbanos (casi todos de ellos de la época española, como los de La Habana, Ciudad de México, Antigua de Guatemala, etc.), hay que añadir otros tremendos problemas, como la polución, el paro, el chabolismo, la delincuencia (especialmente la infantil y juvenil), el tráfico y consumo de drogas, la ineficacia administrativa o la inseguridad ciudadana.

Las ciudades americanas constituyen un ejemplo de multirracialidad

Banderas de los países en una Cumbre de la OEA

Policía vigilando en el centro de Lima

	Población total (en miles)	Población urbana (en miles)	Población rural (en miles)	Porcentaje urbano(%) 2000	2025
Argentina	37.032	33.166	3.865	90	93
Bolivia	8.329	5.383	2.945	65	76
Chile	15.211	13.034	2.177	86	90
Colombia	42.321	31.516	10.805	74	83
Costa Rica	4.023	2.029	1.994	50	60
Cuba	11.201	8.951	2.250	80	86
Ecuador	12.646	7.930	4.716	63	74
El Salvador	6.276	3.467	2.809	55	67
Guatemala	11.385	4.483	6.902	39	42
Honduras	6.485	3.126	3.359	48	66
México	98.881	74.601	24.280	75	82
Nicaragua	5.074	2.807	2.265	55	62
Panamá	2.856	1.646	1.210	58	66
Paraguay	5.496	3.085	2.411	56	70
Perú	25.662	18.555	7.106	72	77
Rep. Dom.	8.495	5.111	3.385	60	70
Uruguay	3.337	3.089	248	93	94
Venezuela	24.170	21.129	3.041	87	92

Fuente: Boletín Demográfico, nº 63 (enero, 1999). Centro Latinoamericano y Caribeño de Demografía (CELADE)

Actividades y sugerencias

Sintiendo Hispanoamérica

¿Cómo sería el mundo actual sin las aportaciones iberoamericanas a la cultura universal? Muy raro, rarísimo.
¿Qué sustituiría al pavo con papas típico de las fiestas navideñas o del Día de Acción de Gracias?
¿Podría celebrarse *Halloween* sin calabazas? ¿Qué sería del cine sin el chicle (la goma de mascar) o las palomitas de maíz?
Y lo más horrible de todo, ¿cómo funcionaría un auto que en lugar de tener neumáticos de caucho usara ruedas de madera?
Estas son algunas aportaciones de Iberoamérica al mundo del siglo XXI, pero hay muchas más. Una investigación interesante sería redactar la lista completa, que es bastante larga.

Escuchando a Hispanoamérica

Las canciones populares proporcionan mucha información sobre la historia, la lengua, la vida y la cultura de las gentes de Hispanoamérica. Pero para ello no basta con oír; también hay que escuchar. ¿Y cómo se escucha? Pues transcribiendo la letra de una canción e investigando sobre los datos que proporciona. Un ejemplo. Esta es la letra de *Carabina 30-30*, un corrido mexicano popularizado en los años setenta por el conocido grupo chileno *Quilapayún*:

Carabina 30-30,
que los rebeldes portaban.
Gritaban los maderistas
que con ellas no mataban.

Gritaba Francisco Villa:
«¿Dónde te hallas Argumedo?
Ven para acá, aquí adelante.
Tú, que nunca tienes miedo».

Con mi 30-30 me voy a marchar,
a engrosar las filas de la rebelión.
Si mi sangre piden, mi sangre les doy,
por los habitantes de nuestra nación.

Madre mía de Guadalupe,
tú me has de favorecer,
para no rendir las armas
hasta morir o vencer.

Ya nos vamos pa´Chihuahua,
ya se va tu negro santo.
Si me quiebra alguna bala,
ve a llorarme al campo santo.

Con mi 30-30 me voy a marchar,
a engrosar las filas de la rebelión.
Si mi sangre piden, mi sangre les doy,
por los habitantes de nuestra nación.

Una canción muy linda, ¿no es cierto? Pues, además, es un documento histórico, sociológico, geográfico y lingüístico sobre la Revolución Mexicana.

Cuestionario

Después de haber leído la letra de la canción *Carabina 30-30,* os proponemos contestar a las siguientes preguntas, que os ayudarán a comprender el contenido de este corrido.

Una carabina llamada 30-30.

¿Y qué es ese artilugio?

Una zona geográfica llamada Chihuahua.

¿Dónde está Chihuahua?
¿Es grande o pequeña?
¿Se trata de un Estado de la República mexicana o de una ciudad?

Los maderistas, de Francisco Villa y de un tal Argumedo:

¿Quiénes eran?
¿Por qué luchaban entre sí?

La «Madre de Guadalupe».

¿Quién es la «madre» de la canción?
¿Tiene importancia para los mexicanos?

Paseando por Hispanoamérica

Hay cientos de museos en Hispanoamérica. Algunos muy conocidos, como el Museo Nacional de Antropología de México, el Museo de América de Madrid (España), o el Museo del Oro del Banco Nacional de Colombia.
Lo ideal sería visitar los museos hispanoamericanos físicamente, pero como esto es por desgracia imposible, siempre queda el recurso de verlos virtualmente. Basta con entrar en Internet y teclear
http://www.icom.org/vlmp.
La página da acceso a miles de museos de todo el planeta. Si se pincha sobre Latinoamérica, se abre una pantalla con decenas de enlaces a museos americanos, clasificados por países.

Contemplando Hispanoamérica

La lectura no está reñida con los medios audiovisuales. Ver películas también es una forma de aprender y muy divertida. Por méritos propios destacan las siguientes películas:

1492: La conquista del paraíso (1992). Una ambiciosa coproducción dedicada al acontecimiento que cambió el curso de la humanidad: el viaje de Cristóbal Colón.

Aguirre, la cólera de Dios (1972). Una magnífica película para comprender la psicología del conquistador español. Otro largometraje sobre el mismo tema:
El Dorado (1988).

La Misión (1986). Relato un tanto novelesco y melodramático inspirado en las misiones de los jesuitas en el Paraguay.

Simón Bolívar (1968). Coproducción hispano-italo-venezolana sobre El Libertador. Floja, aunque es la mejor película sobre Bolívar.

Gringo viejo (1989). Inspirada en la novela del mismo título de Carlos Fuertes, la Revolución Mexicana sólo se entiende después de ver este filme.

Los olvidados (1950). Una obra maestra del gran director Luis Buñuel. Aunque está ambientada en la Ciudad de México de los años cincuenta, la cruda realidad que refleja vale para cualquier gran ciudad de la Hispanoamérica actual.

Guantanamera (1994). Una divertidísima comedia que refleja la realidad cotidiana de los cubanos, víctimas del enfrentamiento que mantienen los gobiernos de Cuba y de los Estados Unidos.

Cronología

1846	Guerra entre México y Estados Unidos. México pierde Texas, Nuevo México y California.
1861	España, Francia y el Reino Unido invaden México para reclamar el pago de la deuda mexicana. Francia nombra emperador de México a Maximiliano de Austria (1863-1867).
1865	*Guerra de la Triple Alianza* que enfrenta a Paraguay con Argentina, Uruguay y Brasil (hasta 1870).
1879	Chile declara la guerra a Bolivia y Perú (*Guerra del Pacífico*) (hasta 1883). Se concede el derecho para construir el Canal de Panamá (concluido en 1914).
1898	Guerra entre España y EE.UU. Cuba y Puerto Rico se convierten en colonias de EE.UU.
1901	Los EE.UU. dan la independencia a Cuba. La Constitución cubana reconoce el derecho de EE.UU. a intervenir en Cuba (*Enmienda Platt*).
1903	Panamá se independiza de Colombia.
1910	Comienza la Revolución Mexicana (hasta 1917). Se crea la Unión Panamericana.
1914	Los efectos de la Primera Guerra Mundial favorecen la economía iberoamericana. Gran prosperidad económica hasta 1925.
1924	Víctor Raúl Haya de la Torre funda la Alianza Popular Revolucionaria Americana (APRA). Esta Alianza se fundamenta en un partido panamericanista ideológicamente cercano a totalitarismos colectivistas europeos.

1925	Golpe militar en Chile. El gobierno reprime brutalmente las protestas obreras (*Matanza de Santa María de Iquique*).
1926	Augusto César Sandino inicia una revolución en Nicaragua para luchar contra los gobiernos corruptos de la familia Chamorro. Sandino será asesinado en 1934. Los católicos mexicanos se rebelan contra el gobierno, dando origen a la *Guerra de los Cristeros*.
1929	La Gran Depresión provoca una grave crisis económica en Iberoamérica. Se multiplican los regímenes fascistas.
1930	Dictadura del coronel Rafael Leónidas Trujillo en la República Dominicana (hasta 1952).
1932	Comienza la *Guerra del Chaco* entre Bolivia y Paraguay (hasta 1935).
1937	Getulio Vargas proclama el *Estado Novo* en Brasil, de ideología fascista (hasta 1945).
1943	Golpe de Estado militar de orientación fascista en Argentina. El coronel Juan Domingo Perón es nombrado ministro de trabajo.
1945	Se concede el Premio Nobel de Literatura a la chilena Gabriela Mistral.
1946	Elecciones en Argentina. Instauración del régimen populista del coronel Perón (hasta 1952), sustentado en gran parte por su esposa, Eva Duarte, *Evita*.
1948	Se crea la Organización de Estados Americanos (OEA). Se constituye la Comisión Económica de las Naciones Unidas para América Latina y el Caribe (CEPAL).

1949	Se funda la Oficina de Educación Iberoamericana (OEI). En 1985 se transforma en la Organización de Estados Iberoamericanos para la Educación, la Ciencia y la Cultura y mantiene las mismas siglas (OEI).
1951	Getulio Vargas gana las elecciones en Brasil con el apoyo de los comunistas. *Carta de San Salvador*, que crea la Organización de Estados Centroamericanos (ODECA).
1952	Puerto Rico se convierte en Estado Libre Asociado a EE.UU.
1954	Golpe de Estado en Paraguay del general Alfredo Stroessner (hasta 1989).
1955	Se concede a las mujeres peruanas el derecho a voto.
1956	El dictador nicaragüense Anastasio Somoza es asesinado; le sucede su hijo, apodado *Tachito*.
1959	Triunfo de la Revolución Cubana encabezada por Fidel Castro (iniciada en 1956). Los países de la OEA crean el Banco Interamericano de Desarrollo (BID).
1960	Creación de la Asociación Latinoamericana de Libre Comercio (ALALC).
1962	Cuba cede sus bases militares a la URSS, provocando la *Crisis de los misiles*, que casi origina una guerra mundial.
1963	Se crea en La Habana la Organización Latinoamericana de Solidaridad (OLAS).
1964	Guatemala, El Salvador, Honduras y Nicaragua crean el Consejo de Defensa Centroamericano (CONDECA) bajo los auspicios de EE.UU.

1965	EE.UU. invade la República Dominicana.
1966	Muerte del cura Camilo Torres, creador de las guerrillas colombianas.
1967	Captura y ejecución del guerrillero Ernesto *Che* Guevara en Bolivia. Miguel Ángel Asturias (Guatemala) recibe el Premio Nobel de Literatura.
1968	Pronunciamiento en Perú del general izquierdista Juan Velasco Alvarado (hasta 1975). Se celebran los XIX Juegos Olímpicos en México, los primeros organizados por un país iberoamericano; brutal represión del movimiento estudiantil mexicano (*Matanza deTlatelolco*). Colombia, Ecuador, Perú, Bolivia y Chile crean el *Pacto Andino*.
1969	*Guerra del Fútbol* entre Honduras y El Salvador.
1970	Comienza la guerra civil en El Salvador, que enfrenta al ejército con las guerrillas de orientación comunista (Fuerzas Populares de Liberación Farabundo Martí) y cristiana (Ejército Revolucionario del Pueblo). Luis Federico Leloir (Argentina) recibe el Premio Nobel de Química.
1971	Se constituye en México la Organización de Televisión Americana (OTI). Se concede el Premio Nobel de literatura al chileno Pablo Neruda.
1972	El general Omar Torrijos se hace con el control de Panamá (hasta 1981).
1973	Sublevación militar en Chile por el general Augusto Pinochet, quien mantendrá su dictadura hasta 1989. Venezuela se incorpora al *Pacto Andino*.
1974	Muere el Presidente de Argentina, el general Perón; le sucede su segunda esposa, María Estela Martínez.
1975	Costa Rica compra 40.000 hectáreas a las compañías bananeras de EE.UU. Se crea en Panamá el Sistema Económico Latinoamericano (SELAS).

1976	Dictaduras militares en Argentina (hasta 1983) y Uruguay (hasta 1984).
1978	*Acuerdos Carter-Torrijos*: EE.UU. devolverá progresivamente la soberanía del Canal a Panamá (1979-1999). Se firma el *Pacto Amazónico* entre Brasil, Venezuela, Guyana, Surinam, Colombia, Ecuador, Perú y Bolivia.
1979	El FSLN (Frente Sandinista de Liberación Nacional) de Nicaragua derroca al dictador Somoza. El Papa Juan Pablo II viaja a México.
1980	Monseñor Romero, arzobispo de El Salvador, es asesinado; recrudecimiento de la guerra civil salvadoreña. Adolfo Pérez Esquivel (Argentina) es galardonado con el Premio Nobel de la Paz. *Tratado de Montevideo*: fundación de la Asociación Latinoamericana de Integración (ALADI).
1981	*Guerra de los seis días* entre Perú y Ecuador.
1982	Guerra de las Malvinas, que enfrenta a Gran Bretaña y a Argentina: la derrota del ejército argentino conduce a la restauración del sistema democrático. El colombiano Gabriel García Márquez recibe el Premio Nobel de Literatura.
1983	EE.UU. invade la diminuta isla de Granada (mar Caribe) con la excusa de que el gobierno granadino es aliado de Cuba. Ricardo Bresani (Guatemala) recibe el Premio Mundial de Ciencias Albert Einstein por su investigación sobre la nutrición en los países de Iberoamérica y el Caribe. Conferencia de San José (*San José I*): principia el proceso de pacificación de Centroamérica.
1984	El *Grupo de Contadora* (Colombia, México, Panamá y Venezuela) propone un plan para la pacificación de Centroamérica.
1985	Acuerdo de Cooperación entre la Comunidad Económica Europea (CEE) y los países de Centroamérica (*San José II*). Victoria electoral del APRA en Perú; Alan García es elegido Presidente (hasta 1990).

1986	El caudillo Joaquín Balaguer gana a sus ochenta años las elecciones en la República Dominicana. *Declaración de Esquipulas* (Guatemala): los dirigentes de los países centroamericanos se comprometen a firmar el *Acta final de Contadora*.
1987	Se firman los Acuerdos de Esquipulas II, base de la pacificación de Centroamérica. Reunión de *San José III*. Oscar Arias, Presidente de Costa Rica, recibe el Premio Nobel de la Paz por su aportación a la pacificación centroamericana.
1988	El dictador chileno Pinochet organiza un plebiscito en Chile y lo pierde; inicio de la transición hacia la democracia en Chile. Reunión de Hamburgo (*San José IV*).
1989	EE.UU. invade Panamá; el general Noriega es extraditado a EE.UU. y juzgado por narcotráfico. Asesinato de seis jesuitas en El Salvador por militares de extrema derecha. Fin de la dictadura del general Stroessner en Paraguay. EE.UU. formula el *Plan Brandy* destinado a disminuir el peso de la deuda externa iberoamericana. Reunión de San Pedro Sula (Honduras) (*San José V*).
1990	Violeta Chamorro gana las elecciones en Nicaragua; fin de la guerra mantenida contra la Contra, la guerrilla somocista, desde 1983. Alberto Fujimori vence a Mario Vargas Llosa contra todo pronóstico y es elegido Presidente de Perú. EE.UU. propone la *Iniciativa de las Américas*, cuyo objetivo es crear una zona de libre comercio en todo el continente. Reunión de Dublín (*San José VI*). Octavio Paz (México) es galardonado con el Premio Nobel de Literatura.
1991	Guatemala reconoce la independencia de Belice. La nueva constitución colombiana favorece la extradición de los narcotraficantes; detención del narco Pablo Escobar. Argentina, Brasil, Paraguay y Uruguay crean el MERCOSUR. Reunión de Managua (*San José VII*). I Cumbre de Jefes de Estado de Iberoamérica (Guadalajara, México).

1992	Se conmemora el Quinto Centenario del Descubrimiento de América. Autogolpe en Perú del Presidente Fujimori; suspensión de las garantías constitucionales. El Congreso de EE.UU. aprueba la *Ley Torricelli*, que impide a cualquier empresa con capital norteamericano comerciar con Cuba. Firma del Tratado de Libre Comercio (TLC o NAFTA) entre EE.UU., Canadá y México. Reunión de Lisboa (*San José VIII*). II Cumbre de Jefes de Estado de Iberoamérica (Madrid, España). Rigoberta Menchú Tun (Guatemala) recibe el Premio Nobel de la Paz.
1993	Carlos Andrés Pérez, Presidente de Venezuela, es procesado por corrupción. Un referéndum en Puerto Rico rechaza la plena integración en EE.UU. Reunión de San Salvador (*San José IX*). III Cumbre de Jefes de Estado de Iberoamérica (Salvador de Bahía, Brasil).
1994	Revuelta del izquierdista Ejército Zapatista de Liberación Nacional (EZLN) en el Estado mexicano de Chiapas. Entra en vigor el TLC. IV Cumbre de Jefes de Estado de Iberoamérica (Cartagena de Indias, Colombia).
1995	Guerra no declarada entre Perú y Ecuador. V Cumbre de Jefes de Estado de Iberoamérica (Bariloche, Argentina).
1996	EE.UU. impone el bloqueo económico a Cuba (*Ley Helms-Burton*). Acuerdo definitivo de paz entre el gobierno de Guatemala y la guerrilla. VI Cumbre de Jefes de Estado de Iberoamérica (Santiago de Chile y Viña del Mar, Chile).
1997	Destitución del Presidente de Ecuador, Abdalá Bucaram, «por incapacidad física y mental». VII Cumbre de Jefes de Estado de Iberoamérica (Isla Margarita, Venezuela).
1998	El Papa Juan Pablo II visita Cuba; celebración del cuarenta aniversario de la Revolución Cubana. El antiguo dictador chileno Augusto Pinochet es arrestado en Londres (Gran Bretaña) acusado de crímenes contra la humanidad. Su extradición, solicitada por España, es concedida en 1999. VIII Cumbre de Jefes de Estado de Iberoamérica (Oporto, Portugal).

1999 El Presidente de Venezuela, el coronel Hugo Chávez, gana el referéndum que convocó para crear una Asamblea Constituyente; esto supone el fin del sistema de partidos en Venezuela. EE.UU. devuelve a Panamá la soberanía sobre El Canal. I Cumbre de la Unión Europea (UE) y los países latinoamericanos. La UE firma tratados con MERCOSUR y México destinados a crear zonas de libre comercio. IX Cumbre de Jefes de Estado de Iberoamérica (La Habana, Cuba).